BIRRA PERONI

BIR RA PERO NI

LO SGUAR DO DEGLI AL TRI

SilvanaEditoriale

SOM
MA
RIO

7   Introduzione

8   **Lo sguardo degli altri. Ieri**

14   Industria e occupazione
30   Prodotto Comunicazione Media
46   Comunità e consumo

56   **Lo sguardo degli altri. Oggi**

60   Intervista

68   Andrea Santamaria
74   Elena Durante
92   Ivan Ceresia
108   Ivana Bianco
120   Thiago Andres Gnessi

128   English translations

Gara dei camerieri organizzata da Birra Peroni per le strade di Napoli, 1932

INTRODUZIONE

La rappresentazione di Birra Peroni – nella sua veste istituzionale ma anche e inevitabilmente del marchio che dà il nome all'azienda – attraverso lo sguardo degli altri è la chiave di lettura del presente volume.

Nel voler dare alle stampe una monografia aziendale, infatti, abbiamo scelto di far parlare le immagini, coerentemente con quel che riteniamo significhi Birra Peroni per la storia culturale, sociale ed economica del nostro Paese.

La cultura d'impresa che Birra Peroni ha espresso ed esprime, dal 1846 in Italia, si rivela nel modo in cui l'azienda è vista da fuori: come le comunità hanno vissuto la sua presenza industriale, commerciale e umana, come la stampa ha commentato i momenti di svolta nella storia aziendale, come le persone hanno percepito e percepiscono l'azienda e i suoi prodotti.

Non un racconto autorappresentativo, dunque, ma una narrazione intessuta sulle voci e sullo sguardo degli altri. Tale racconto viene declinato sia in senso storico, con una galleria di immagini tratte dall'Archivio Storico aziendale, sia nell'attualità, con una selezione degli scatti realizzati sotto la guida dei docenti Massimo Siragusa e Daria Scolamacchia per il lavoro di tesi finale di cinque giovani fotografi, neodiplomati del corso triennale di Fotografia dell'Istituto Europeo di Design di Roma. Dopo la mostra in cui sono state esposte quelle foto, la collaborazione tra Birra Peroni e IED

Un'azienda storica italiana, che ha radici salde nella tradizione ma è costantemente attenta a misurarsi con la capacità di innovare, rinnovarsi, sintonizzarsi con il presente e immaginare il futuro.

Roma prosegue, per rimarcare il comune lavoro di investimento e di valorizzazione del talento italiano, in un'ottica contestualmente nazionale, europea e internazionale.

Alle immagini dei giovani fotografi abbiamo voluto unire una intervista collettiva: le loro parole e le loro scelte stilistiche aggiungono un punto di vista inedito, che getta luce sul mondo giovanile e sul loro rapporto con un marchio storico come Peroni.

L'immagine che viene restituita è quella di un'azienda storica italiana, che ha radici salde nella tradizione ma è costantemente attenta a misurarsi con la capacità di innovare, rinnovarsi, sintonizzarsi con il presente e immaginare il futuro.

Delle parole dei ragazzi ci sono specialmente piaciute quelle che esprimono stupore, entusiasmo e creatività, tre pilastri che Birra Peroni assume nel suo lavoro quotidiano.

LO
SGUAR
DO
DEGLI
AL
TRI.
IERI

Daniela Brignone

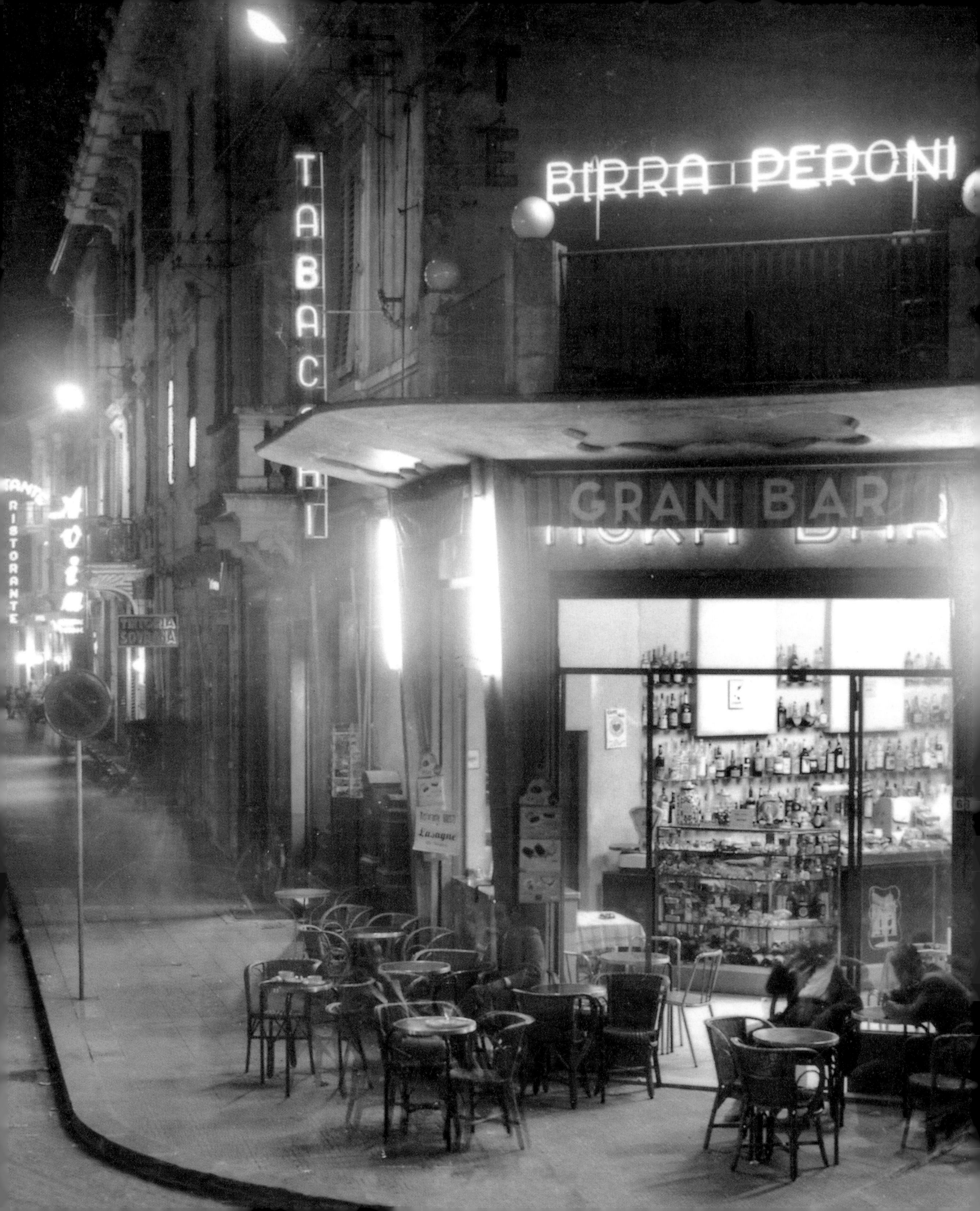
BIRRA PERONI
TABACCHI
GRAN BAR
RISTORANTE
Lasagne

Birra Peroni nacque piemontese, nel 1846, ma già diciott'anni dopo, nel 1864, affiancò alla fabbrica originaria di Vigevano uno stabilimento romano, destinato a incrementare produzione e business e a giungere, trasferendo e moltiplicando le sedi, ai giorni nostri. Una lunga presenza italiana, dunque, evolutasi nel segno delle trasformazioni sociali e culturali del nostro Paese, che si è sempre posto e ancora si pone in un rapporto di interscambio con l'azienda, fornendo spunti e stimoli alla sua crescita ma anche complessità e sfide da affrontare.

La storia di Birra Peroni è stata narrata in molte sedi, dalla monografia aziendale edita in occasione del suo 150° anniversario, nel lontano 1996, alle declinazioni web, alle mostre realizzate per illustrare diversi aspetti di una lunga vicenda aziendale: il focus dei vari approfondimenti è stato ora il rapporto di profondo interscambio con le comunità, ora la forte identità industriale incentrata su un elevato know how birrario e sulla qualità, ora la storia strategica dell'impresa, ora il legame con la crescita delle città e dei relativi consumi, ora la storia della comunicazione pubblicitaria nei suoi aspetti più iconici.

Nel presente volume fotografico il testo ha un ruolo marginale e ne useremo pochissimo, per illuminare invece la storia dell'azienda da un punto di vista insolito: le immagini dell'Archivio Storico e quelle dei giovani fotografi dell'Istituto Europeo di Design offrono,

infatti, uno spaccato di come Birra Peroni è stata ed è vista e vissuta da fuori, dall'altro.

Ripercorriamo rapidamente le tappe principali della storia aziendale, tenendo bene a mente la nostra chiave di lettura: lo sguardo delle comunità e degli individui che con Birra Peroni e con i suoi marchi hanno instaurato rapporti di occupazione, conoscenza, affetto, impiego, partnership, consumo, fornitura, vicinanza geografica o identitaria.

La vicenda imprenditoriale di Francesco Peroni ebbe inizio con uno strappo coraggioso: la scelta del mestiere di birraio era mediamente diffusa nel Regno Sabaudo – attorno alla metà dell'Ottocento il numero di fabbriche di birra presenti negli Stati Sardi era di ben 57 unità, per una produzione annua di circa 50.000 ettolitri – ma l'abbandono del paese d'origine, Galliate, in pieni tumulti risorgimentali, fu un gesto carico di fiducia nel progresso. Francesco giunse a Vigevano sul finire del 1845 e in quel paese era l'unico produttore di birra. Vigevano era allora un centro di commerci ben più vitale e stimolante rispetto alla piccola Galliate: centinaia di persone vi giungevano dalle località vicine per effettuare scambi, acquistare merci, animali, immobili.

Nella Vigevano ottocentesca possiamo solo immaginare chi fossero gli avventori della birreria di Francesco Peroni, affiancata alla fabbrica in

contrada Rocca Nuova (oggi corso della Repubblica). Nonostante il prezzo di un boccale di birra fosse elevato rispetto al vino e non fosse di facile accesso per le classi sociali meno abbienti, la birreria Peroni era piena fino all'orario di chiusura, come attestano i documenti d'archivio. Francesco, tuttavia, aveva in mente qualcosa di diverso, di molto più grande: comprendeva che per uno sviluppo corposo del suo business avrebbe dovuto mettere a frutto quella mentalità imprenditoriale tipica dell'area piemontese-lombarda di cui si era nutrito.

Seguendo il movimento migratorio di imprenditori dal nord verso il centro della penisola, Francesco precedette l'arrivo dei bersaglieri a Porta Pia e già nel 1864 aprì una seconda fabbrica di birra in quella che, circa sei anni più tardi, sarebbe divenuta la Capitale del neonato Regno d'Italia.

Chiusa la vicenda lombarda, con la morte di Francesco nel 1894, le energie furono concentrate esclusivamente su Roma. Qui, a fine Ottocento, operavano ben tredici fabbriche di birra, per una produzione totale di circa 3600 ettolitri all'anno. Si trattava di piccolissime realtà produttive in mano straniera, prevalentemente svizzera. I Peroni investirono da subito su dotazioni industriali che assicurassero loro una posizione da leader nello scenario romano - sia per dimensione dell'attività produttiva, sia per quantità di manodopera impiegata, sia per la preferenza accordata dai consumatori – e da leader italiani in un mondo birrario di matrice straniera.

Tanto era giusta la visione di Francesco che la fabbrica romana, con produzione e annessa vendita, si spostò ben tre volte – assecondando la crescita dei volumi di birra – tra il 1864 e il 1901, per approdare col nuovo secolo alla "cittadella" Birra Peroni di Porta Pia, un vero e proprio stabilimento industriale esteso su tre isolati, una sorta di "Company Town" interna alla città dotata di appartamenti per i dipendenti, mensa interna, dopolavoro.

Alle soglie dell'entrata dell'Italia in guerra, nel 1915, il consumo pro capite romano raggiunse i 13 litri annui, contro i 2,2 della media nazionale. Negli eleganti *café chantant* del centro, nei locali delle zone ad alta densità turistica, nelle trattorie e negli "spacci" dei quartieri più popolari, la birra riscuoteva sempre più il favore della clientela e Peroni era la prima scelta. L'intuizione di Francesco sul futuro nella Roma papalina prima e italiana poi fu premiata da un tipo di consumo che tra gli ultimi decenni dell'Ottocento e l'età giolittiana fu decisamente elitario – trainato dal turismo internazionale e dalla classe alto-borghese – per allargarsi socialmente ad altri ceti solo durante il ventennio fascista. L'immagine della birra era comunemente quella di una bevanda "igienica", bibita di consumo maschile e in particolare dei fumatori, degli sportivi, dei lavoratori, perché leggera ma allo stesso tempo nutriente e, in più, dissetante – da cui l'abitudine al consumo nei mesi estivi, fenomeno tipicamente italiano.

I numerosi premi alla qualità ricevuti da Birra Peroni in contesti nazionali e internazionali, tra cui spiccano le esposizioni universali di Parigi, Marsiglia e Torino, incoraggiarono a proseguire nella via intrapresa. A quel periodo risalgono le prime memorie personali dei romani, che raccontano di una fabbrica allora "fuori porta", ossia a ridosso delle Mura Aureliane, che nei decenni successivi si andò a incastonare in un tessuto urbano sempre più abitato. Il ricordo dei cavalli, dei carri, delle ciminiere, del profumo di birra è ancora vivo, così come quello del fiume di donne in uscita al cambio turno e dell'usanza maschile di recarsi all'uscita della fabbrica Peroni a cercar moglie. L'odore delle "cotte" di birra impregnava l'intero quartiere.

La crescita dell'azienda avvenne seguendo precise direttrici strategiche: dopo aver unito la produzione e la vendita di birra e ghiaccio, per sfruttarne le sinergie commerciali, Birra Peroni puntò gli occhi sul meridione d'Italia, un mercato di più facile penetrazione, per l'esistenza di aziende birrarie meno solide, e di maggiori potenzialità, visti gli elevati consumi estivi e il modello di consumo "condiviso", tipico delle società meridionali. Dopo il Sud, Birra Peroni risalirà la penisola: nel 1924, con l'inaugurazione del nuovo stabilimento di Bari, si aprì un periodo glorioso che, sebbene interrotto dal conflitto mondiale, portò Birra Peroni a operare su otto unità produttive, ad assorbire gli impianti e la clientela di numerose fabbriche situate nell'Italia centro-meridionale e a moltiplicare il numero dei depositi concessionari, alcuni dei quali trasformati in centri di imbottigliamento, su tutto il territorio nazionale.

Le zone popolari delle città sede di fabbrica furono dotate di "spacci" diretti dei prodotti Peroni, la cui gamma negli anni trenta venne ampliata con nuove bevande agli agrumi, genuine al punto che, come si racconta, la loro produzione si dimostrò presto scarsamente remunerativa, con una "Superbirra" dal gusto deciso e con il famoso Peroncino, il celebre formato da 20 cl destinato a una incredibile fortuna presso la clientela.

Incisive e insistenti furono le campagne pubblicitarie: immagini di signore eleganti e gentiluomini in frac, ma anche di giovani e di persone comuni ritratte nell'atto di bere birra Peroni, riempirono le pagine dei giornali, affiancando i messaggi radio, la cartellonistica – con la nuova immagine dello scarmigliato e operoso cameriere – e le targhe per i punti vendita, destinate a diventare icone dei tempi moderni, come il "tappo Peroni".

A partire dagli anni cinquanta, i cambiamenti sociali e di costume portati dal benessere economico generarono un aumento delle occasioni di consumo: la birra non era più un prodotto elitario ma entrava a pieno titolo nelle abitudini alimentari italiane. Come diretta conseguenza, negli anni sessanta e in seguito, il consumo domestico di birra conobbe un incremento costante, catapultando il settore birrario nel mondo della distribuzione alimentare. Un grande input alle vendite fu dovuto all'immissione sul mercato di una nuova birra, destinata da allora a riscuotere ampio successo: la birra speciale Nastro Azzurro nacque nello stabilimento di Napoli nel 1963 e già due anni dopo guadagnò un importante riconoscimento internazionale, ricevendo il primo premio in una competizione tra le birre lager di tutto il mondo.

La popolarità dei marchi di Birra Peroni ebbe una vera e propria impennata nella seconda metà degli anni sessanta, con l'avvio delle campagne pubblicitarie televisive: la Bionda Peroni – la rappresentazione femminile del desiderio – entrò, dal 1967, nelle case degli italiani lasciandovi l'eco dei famosi motti "Mi manca tanto la Peroni" e "Chiamami Peroni, sarò la tua birra".

Da allora Peroni fu sinonimo di birra in Italia.

Pur diventando industria nazionale, con quattro stabilimenti costruiti ex novo tra il 1953 e il 1970, Birra Peroni mantenne saldo il suo rapporto sinergico e affettivo con le comunità locali, attraverso la leva occupazionale e la creazione di rapporti simbiotici con intere famiglie cresciute in azienda, ma anche tramite la partecipazione a tutti i momenti salienti delle collettività – le fiere, le sagre, i santi patroni, le "Befane del Vigile", le benedizioni pasquali, gli eventi sportivi locali.

Con il cuore commerciale, identitario e industriale ostinatamente saldo in Italia, Birra Peroni si era affacciata sui mercati internazionali sin dall'anteguerra, nelle colonie italiane e nelle aree oltreoceano di immigrazione italiana. A partire dal boom economico, e sempre più dagli anni settanta e ottanta del Novecento, Birra Peroni diventò uno dei simboli del Made in Italy conquistando, in special modo con Nastro Azzurro, mercati importanti negli Stati Uniti, nel Regno Unito e in Australia.

I decenni successivi furono una corsa verso l'oggi: l'affaccio sul mondo ha avuto suggello con il lancio di Peroni Nastro Azzurro a livello globale, all'inizio del nuovo secolo, con un mix di amore per il vintage e dimensione internazionale del gusto italiano che ha fatto scuola.

Nel 2016 Birra Peroni è entrata a far parte dell'azienda giapponese Asahi Group Holdings, che investe con fiducia sugli impianti produttivi e sul know how italiano. Ancora oggi Birra Peroni è un'azienda percepita come parte integrante del tessuto economico e sociale del nostro Paese: con tre stabilimenti produttivi a Roma, Padova e Bari e la Malteria Saplo di Pomezia, lavora in filiera produttiva con oltre 1500 agricoltori, che coltivano esclusivamente orzo 100% italiano.

Il legame di Birra Peroni con il territorio è profondo, si tocca con mano nelle strade e nelle piazze, ha radici antiche ma rivolge lo sguardo al futuro: all'Italia del talento, dell'innovazione e dello sviluppo.

INDU STRIA E OCCUPA ZIONE

Lo stabilimento Birra
Peroni presso Porta
Pia, Roma, anni dieci
>

Carri per il servizio
cittadino nel cortile
interno dello
stabilimento di
Porta Pia, Roma,
1910 circa
˅

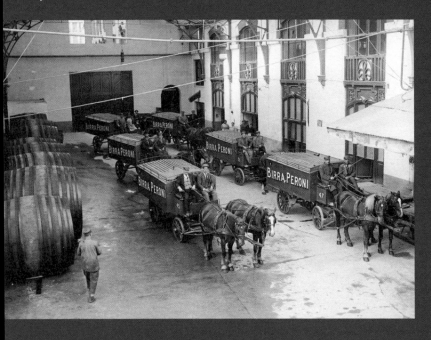

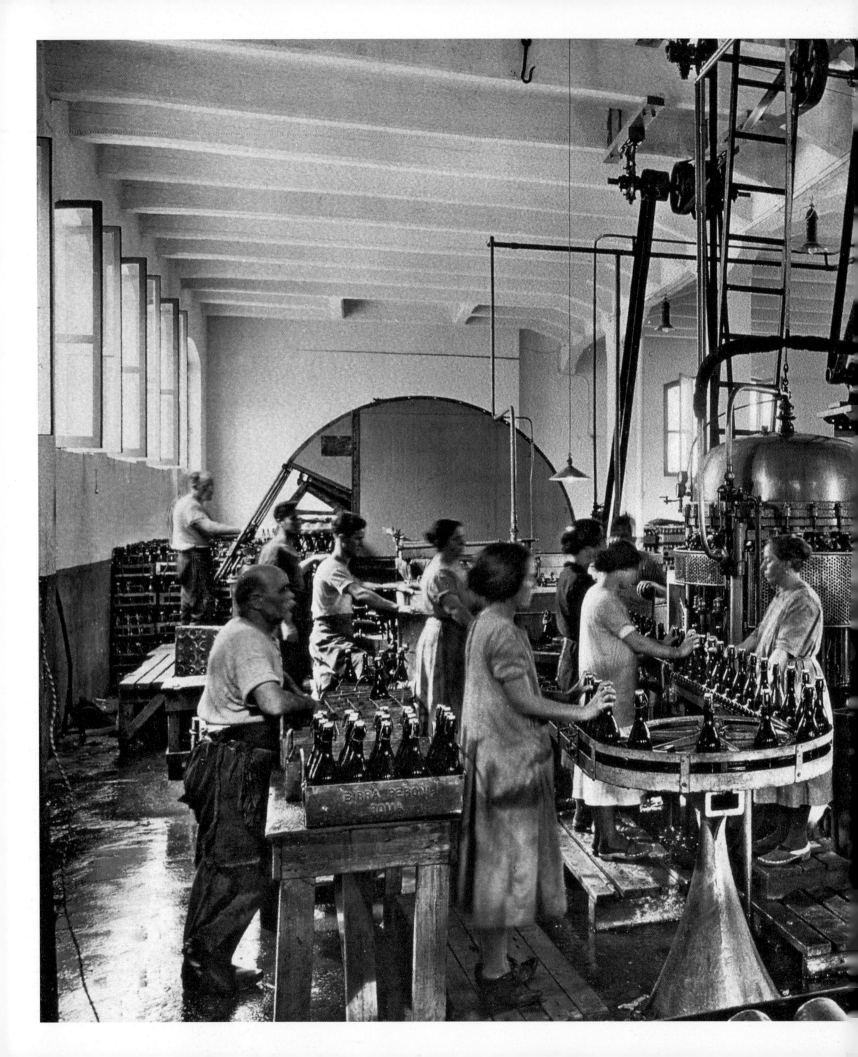

Salone di imbottigliamento nello stabilimento romano, anni venti

La famiglia dei
dipendenti di
Birra Peroni a Bari,
anni venti

Veduta dello
stabilimento
Birra Peroni a Bari,
anni venti

Foto-Sbisà
Bari

**Mezzi di Birra
Peroni per il servizio
cittadino, 1937**
^

**Un camion di Italia
Pilsen nella fabbrica
di Padova, anni
cinquanta**
>

Franco Peroni con
un gruppo di operaie
a Napoli, 1955

Centro di
imbottigliamento
Italia Pilsen, 1962

Campo sperimentale
di orzo distico
presso la malteria
Saplo, Pomezia,
1965 circa

Lo stabilimento
di Padova negli
anni settanta
^

Operai durante
l'naugurazione
dello stabilimento
di Bari, 1965
>

PRO
DOTTO
COMU
NICA
ZIONE
ME
DIA

Birra Peroni
all'Esposizione
internazionale
di Roma, 1911

BIRRA PERONI - ROMA

corso "Réclame„ Esposizione internazionale di Roma - 1911.

Set pubblicitario,
anni venti
^

Poster di Birra
Peroni, anni venti
>

BIRRA PERONI

ROMA-BARI

STAB·A·MARZI·ROMA

Insegna metallica
a forma di tappo,
anni cinquanta

Premiazione
della forza vendita
Nastro Azzurro,
anni sessanta

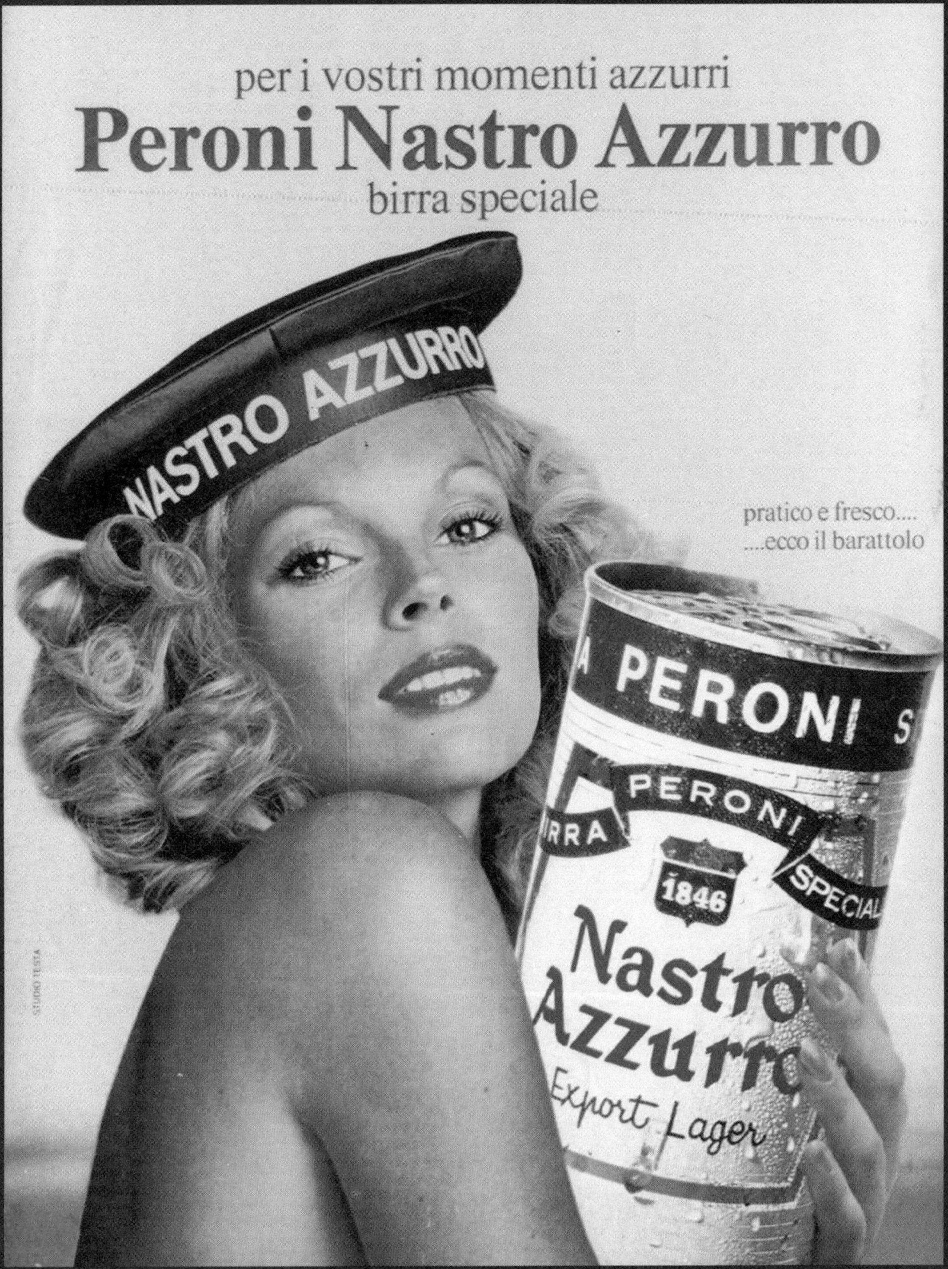

per i vostri momenti azzurri
Peroni Nastro Azzurro
birra speciale
NASTRO AZZURRO
pratico e fresco....
....ecco il barattolo
PERONI
PERONI
1846
SPECIAL
Nastro
Azzurro
Export Lager
STUDIO TESTA

Campagna stampa
Nastro Azzurro, 1973
^

Campagna stampa
Peroni, 1973
>

chiamami Peroni
sarò la tua birra

BIRRA
PERONI

Campagna stampa
Peroni, 1978

Campagna stampa e
affissioni Peroni, 1981

LA BIONDA E' SOLO PERONI.

BIRRA PERONI

Chiamala Peroni, sarà la tua birra.

Frame del Carosello
Peroni con la bionda
Michele Gastpar,
1974

COMU
NITÀ
E
CON
SUMO

Uno spaccio di birra
e ghiaccio Peroni
a Roma, anni venti
<

Padiglione Birra
Peroni alla Fiera
del Levante, Bari,
anni trenta
^

Chiosco di aranciata
Peroni, anni trenta
>

Gara dei camerieri
organizzata da Birra
Peroni per le strade
di Napoli, 1932

La Birreria Amoroso
a Napoli, anni trenta

Maggio di Bari,
anni cinquanta
<

Befana del Vigile,
Roma, 1961
>

Foto FICARELLI - Bari

Befana del Vigile,
Bari, anni sessanta
^

Befana del Vigile,
Roma, 1970
>

LO SGUAR DO DEGLI AL TRI. OGGI

Massimo Siragusa

"Obiettivo Impresa"
è un progetto
realizzato all'interno
del corso di
Fotografia Corporate
per gli studenti del
terzo anno del Corso
di Diploma di primo
livello dell'Istituto
Europeo di Design
di Roma. Il corso,
tenuto dal professor
Massimo Siragusa,
ha focalizzato le
sue lezioni sullo
studio del brand
Peroni con visite,
approfondimenti
e shooting realizzati
in una efficace
ed entusiastica
collaborazione fra
l'azienda e l'istituto.
Cinque degli studenti
coinvolti hanno poi
deciso di trasformare
l'esperienza in
un progetto di tesi,
e le foto selezionate
per la mostra
realizzata sul loro
lavoro e per questa
pubblicazione
sono una sintesi
delle opere da loro
prodotte.

Max Giovagnoli
Coordinatore Arti Visive, IED, Roma

Realizzare una serie di immagini per un'azienda è un lavoro complesso, in cui il fotografo deve mettere in campo grandi doti di creatività e di sintesi. In ambito professionale è, probabilmente, il settore che offre la maggiore libertà di espressione personale da porre, però, al servizio di una committenza ben consapevole della propria identità e dell'obiettivo che vuole raggiungere. Per questa ragione la fotografia di corporate è insieme la più affascinante e la più difficile. Il fotografo deve esercitare tutta la propria empatia per lavorare percorrendo quella sottilissima linea che è data dall'equilibrio fra l'autorialità e la capacità di saper rispondere a un'esigenza specifica. In questo progetto realizzato per Peroni tutti e cinque i lavori presentati rispondono alle richieste scaturite dalle esigenze aziendali, inscrivendosi pienamente in un percorso che si può definire, già da oggi, altamente professionale.

Il lavoro di Elena Durante è un'analisi molto vasta e articolata all'interno del mondo aziendale. Le tre grandi realtà industriali della Peroni sono state raccontate, con sistematica precisione, in un percorso che si inscrive perfettamente all'interno dei canoni classici della fotografia industriale. L'apporto creativo di Elena si evidenzia, oltre che nell'estremo rigore con cui ha visto le strutture industriali, soprattutto nei momenti di sospensione. In quegli scatti, cioè, in cui ha posto l'accento sui segni nel pavimento e sulle tracce del lavoro lasciate dalle macchine e dalle attrezzature. Macchie, segni di passaggio, bagnato. Tutti elementi che ci indicano come, dietro ogni struttura, alla fine troviamo l'uomo che con il

suo lavoro, la fatica e, soprattutto, il suo ingegno, dà voce e anima a tutto ciò che lo circonda.

Il progetto di Ivana Bianco è giocato sul tema del simbolismo. L'importanza che un'azienda come Peroni ha avuto all'interno della realtà pugliese è qui raccontata con un dialogo tra immagini simboliche dell'evoluzione del ruolo della donna nel tempo e foto di paesaggio della realtà barese. L'aspetto più interessante e particolare del lavoro di Ivana è che tutte le foto delle figure femminili presenti sono degli autoritratti. La messa in scena e l'autoritratto come chiave di lettura della realtà sottolineano e avvalorano il contenuto simbolico e identitario del brand: la Peroni ha segnato una realtà e un'epoca, dando lavoro ma, soprattutto, identità. Non a caso, le sole immagini dell'azienda presenti in questo progetto sono un dialogo tra una foto storica e una recente. Come a segnalare un punto fermo all'interno di un processo di evoluzione nel tempo.

Le fotografie di Andrea Santamaria hanno il sapore delle tavole pittoriche dell'arte fiamminga, con le immagini dei grandi oggetti che fanno parte della collezione del museo dell'azienda. L'idea di inserirli in una scenografia fatta di nero assoluto non solo elimina ogni possibile distrazione nell'osservazione degli oggetti, ma ne annulla anche la collocazione temporale, facendoli diventare elementi di un racconto senza soluzione di continuità tra passato e presente. La Peroni diventa allora quasi una compagna che ha saputo

affiancarci negli anni, assecondando i cambiamenti che la società civile, di volta in volta, ha espresso.

È la scomposizione l'idea alla base del lavoro di Ivan Cerasia. Nel suo progetto, il prodotto – la birra – è analizzato come in un esercizio di indagine microscopica, alla ricerca degli elementi fondanti, in cui tutti i componenti della bevanda – il lievito, il luppolo, l'acqua – sono fotografati con un sofisticato processo creativo e sembrano volerci suggerire chi sono: si presentano, dichiarano apertamente la loro identità. Come a ricordarci che ciò che beviamo non è altro che la somma di personalità materiche differenti unite attraverso un processo lungo, che è espressione di qualità e di cultura.

Le Polaroid di Thiago Andres Gnessi sono oggetti fisici e affascinanti. L'analisi del suo lavoro va oltre la semplice individuazione di relazioni tra immagini, tra primi piani quasi macro e visioni d'insieme. L'uso di un mezzo così particolare come la Polaroid richiede una chiave di lettura molto più proiettata verso l'analisi di un'opera d'arte. Per le sue stesse caratteristiche tecniche – sfocatura, colori avulsi dalla realtà, perdita d'incisione – la Polaroid è un materiale di trasformazione e interpretazione. Inoltre, la peculiarità più importante è che trasforma la fotografia in un esercizio non più riproducibile. È l'unicità dello scatto, dunque, a impreziosire e a conferire valore all'azione interpretativa messa in atto dal fotografo. Per queste ragioni le immagini di Thiago sono permeate di un raro equilibrio e di una straordinaria capacità evocativa.

IN
TER
VI
STA

a cura di Daniela Brignone

Andrea Santamaria (*MATERIA*)
Elena Durante (*INDUSTRIA*)
Ivan Cerasia (*ICONE*)
Ivana Bianco (*NATÌA*)
Thiago Andres Gnessi (*ISTANTANEE*)

DB. Buongiorno ragazzi. Grazie per essere venuti. Partiamo da come avete vissuto il primo approccio con l'azienda, cosa vi ha colpito e qual è stata la vostra impressione. E poi, come questa impressione ha influito sulla scelta del vostro linguaggio espressivo e dell'oggetto di vostro interesse. Partiamo da Andrea.

AS. Ciò che mi ha colpito prima di tutto è la grandezza dell'azienda. Sapevo che stavamo parlando di una realtà che ha certamente concorrenti ma può vantare prodotti che hanno fatto la storia d'Italia. Ciò che mi ha colpito molto è proprio la sua italianità, nonostante la proprietà straniera. Ho visto in giro per l'azienda oggetti antichi, oggetti anche legati al consumo, ai bar. Ho deciso di dividere il mio progetto in tre parti: una parte di ritratto, una parte di architettura e una parte di still life concettuale creativo.

DB. E hai pensato che attraverso queste tre chiavi potessi riuscire a rappresentare la tua idea?

AS. Sì, volevo rappresentare il nome Peroni e far vedere agli altri la storia dell'azienda attraverso i miei scatti.

DB. Quindi sei stato esplicitamente attratto dalla storia dell'azienda?

AS. Sì, l'ho percepita nel percorso di visita alla fabbrica: lungo i corridoi c'è una mostra di antichi macchinari.

DB. Sì, è il nostro museo diffuso, che vuole raccontare il passato e il presente della produzione e della qualità Birra Peroni, in una sorta di percorso artistico lungo i reparti di produzione, che evidentemente ti ha ispirato.

AS. Durante la prima visita guidata allo stabilimento, nella primavera del 2018, abbiamo dato un'occhiata alla struttura e a quello che potevamo fotografare o meno, quindi in quel momento sono partito con un'idea base e poi l'ho trasformata, facendola mia e seguendo il mio stile e i suggerimenti del nostro professore.

DB. Vi siete confrontati durante il processo di scelta oppure ciascuno di voi ha seguito la propria idea autonomamente? E il percorso scelto implicava un completamento da parte di un collega o una interazione con altri oppure era totalmente individuale?

AS. Inizialmente ci siamo confrontati più che altro per evitare doppioni, anche se ogni progetto, per quanto simile, non potrà mai essere identico a quello di un altro autore poiché ognuno ci mette il suo.

DB. Invece tu, Elena: quale aspetto di Birra Peroni ti ha colpito e quando hai deciso su cosa concentrarti?

ED. Come ha detto Andrea, la prima visita è stata importante anche perché non ero mai entrata in una grande azienda e non avevo idea di come fosse. Oltre a ciò, è stato significativo confrontarmi con lavori di fotografi passati e con il loro approccio alla fotografia industriale.

DB. Hai avuto un riferimento preciso a cui ispirarti?

ED. Sì, Gabriele Basilico. La prima visita allo stabilimento di Roma è stata fondamentale per la scelta del progetto; anche negli stabilimenti di Padova e di Bari mi sono fatta guidare dall'istinto, perché ho ricevuto stimoli dagli ambienti e dalle persone. All'inizio quindi c'è stata una base importante di studio, ma l'idea iniziale è stata completamente stravolta in corso d'opera.

DB. Qual era questa idea iniziale, e in che senso è stata ribaltata?

ED. Volevo originariamente fotografare soltanto la parte industriale, ma poi ho capito che le persone erano importanti e quindi ho integrato i ritratti e anche una parte più concettuale, messa a fuoco grazie al nostro relatore Massimo Siragusa. Inoltre, per far vedere i segni del tempo sulla fabbrica, ho fotografato i pavimenti, la birra, i carrelli che passano.

DB. Quindi non un'azienda tirata a lucido, asettica, come appena inaugurata, ma un'azienda "vissuta".

ED. Sì, perché Birra Peroni ha un passato importante, è una birra storica, quindi mi interessava fotografare il nuovo ma anche il passato.

DB. E quali differenze hai notato fra gli stabilimenti di Roma, Bari e Padova?

ED. Ho percepito ovunque la stessa identità, anche perché lavorano tutti per lo stesso scopo. Non c'è differenza tra il lavoro delle persone, che pur essendo concentrate sui propri compiti sono state tutte comunque disponibili.

Quando ho fatto la richiesta di entrare in tutti e tre gli stabilimenti pensavo di ricevere una risposta negativa, e invece ho ottenuto il permesso ed è stato davvero molto bello.

DB. Ti occupi in particolare di fabbriche moderne e non di archeologia industriale, vero?

ED. Mi occupo di fotografia industriale contemporanea, ed entrare qui per me è stata una grande emozione, perché non è facile che un'azienda ti accolga e ti mostri la propria realtà interna, che da fuori neanche ti immagini. Ciò che mi ha colpito sono i grandi spazi, quindi gli aspetti legati alla produzione in sé, più che la storia. I cicli di produzione, la gente che lavora, l'identità industriale.

DB. Quali sono gli elementi che compongono il tuo progetto?

ED. Ho diviso il mio libro [la tesi di laurea] in tre parti. La prima è dedicata alla struttura e ai macchinari, quasi asettici, senza persone, così come sono, perché era questo il mio intento. La seconda parte invece è composta da ritratti che ho scattato su un telo bianco, distaccando il soggetto dallo sfondo che comunque rimane percepibile, quindi si capisce che ci si trova in una fabbrica. Ho usato questa tecnica per far risaltare le persone, che secondo me sono ancora il fulcro di una fabbrica, nonostante le macchine ormai facciano quasi tutto da sole. Diciamo quindi che il mio messaggio era far vedere da una parte la fabbrica in sé, i macchinari e la tecnologia impiegata, dall'altra l'aspetto umano. Nelle persone ho riscontrato

in generale una certa timidezza, ma in tutti i casi ho percepito una grande fierezza del mestiere e dell'appartenenza a un'azienda come Birra Peroni.

DB. Macchine, operai; e il terzo elemento?

ED. Muri e pavimenti della fabbrica, che erano una maniera per far vedere l'usura del tempo, il segno della storia. Sono in tutto circa una decina di foto all'interno del lavoro complessivo, dove comunque questi tre approcci sono mescolati.

DB. Sentiamo ora da Ivan: cosa ti ha colpito di più, quale aspetto di Birra Peroni ti ha ispirato e come lo hai rappresentato?

IC. La cosa che mi ha colpito di più di Birra Peroni è la sua italianità: sono cresciuto con questo marchio, che ha accompagnato anche la storia della mia famiglia.

DB. Quindi quella percezione che avevi di Birra Peroni nella tua famiglia e nelle tue occasioni di consumo l'hai confermata quando hai conosciuto l'azienda?

IC. Sì, assolutamente. L'ho confermata anche attraverso il lavoro che ho fatto. Il mio progetto era concentrato sui materiali, però al tempo stesso volevo andare oltre, raccontando attraverso di essi il lavoro dell'azienda. La mia esperienza è diversa da quella dei miei colleghi, i quali hanno preso spunto dalla prima visita in azienda, che ha comunque arricchito il progetto che avevo già in mente. Ci era stato chiesto cosa volessimo fare già prima di visitare

lo stabilimento. Quindi avevo già pensato a un progetto, e avevo scelto lo stile fotografico che più mi appaga, che è lo still life. Ho lavorato in studio, con un approccio molto concettuale e astratto: c'è stata una ricerca di materiali e anche una ricerca iconografica. Sono partito dalla bottiglia di birra Peroni e l'ho scomposta in tutti i suoi elementi, comprese le materie prime: il vetro, il tappo, l'etichetta, il liquido, il luppolo, l'acqua. Mi sono reso conto che in questo modo avevo ricreato il processo produttivo in studio. Poi ho aggiunto immagini dei lunghi corridoi che ho fotografato in azienda e le ho intervallate con quelle degli elementi.

DB. Quando siete venuti eravate un gruppo più numeroso. Non tutti i partecipanti hanno scelto Birra Peroni. Perché voi avete scelto noi?

IC. Eravamo una ventina e dovevamo dividerci su tre opzioni: una tesi aziendale Peroni, una tesi personale creata da sé, e una sulla moda. Non tutti sono riusciti a rientrare nella prima, ma io avevo già in mente Peroni e quindi ero pronto. Nel mio caso quindi la prima visita in azienda non ha influito sulla scelta, che avevo già fatto.

DB. E tu, Ivana: qual era l'impressione che avevi di Birra Peroni? E quando hai scelto come la volevi rappresentare, dopo la visita alla fabbrica o prima?

IB. Tutto il progetto è basato sul mio legame con Peroni, sia come marchio sia come espressione del luogo dove l'ho sempre consumata, perché sono pugliese. Il mio progetto si intitola *Natia*, termine che intende appunto sottolineare il concetto di terra natale, senza dimenticare l'importanza che il marchio Peroni ha nei confronti dell'italianità in generale. Nel mio lavoro c'è uno studio di carattere antropologico che analizza la popolazione nei comportamenti, nelle tradizioni, nelle abitudini, nella fede e nella superstizione, e mette il tutto in relazione con il territorio pugliese. Questa relazione poi va a creare una vera e propria identità culturale.

DB. Quindi diciamo che avevi un'idea ben precisa di cosa fosse Birra Peroni ancora prima di incontrarla. E questo tuo vissuto lo hai voluto rappresentare nel tuo lavoro. E tu, Thiago, hai partecipato da subito ai sopralluoghi in fabbrica? Quand'è che ti è venuto in mente quale approccio scegliere, l'idea da perseguire? Cosa ti ha impressionato di più?

TAG. La parte dei tubi, la pulizia. Ho visto che la Peroni è veramente una fabbrica curata. Ho visitato altri stabilimenti, alcuni sono disordinati, invece in questo caso ho visto proprio l'ordine, ogni cosa stava al suo posto. Da questo è scaturita l'idea di fare foto uniche, mettendo in risalto la perfezione negli elementi. Non c'è mai una busta che vola per aria, non c'è un secchio fuori posto.

DB. Tirata a lucido. In questa pulizia, in questo ordine, in questa organizzazione, che identità aziendale hai percepito? Cosa ti comunica un'azienda così?

TAG. Mi comunica igiene prima di tutto. La Peroni è una birra che bevo da molti anni, è una delle mie preferite. Quando vedi la bottiglia e poi vedi la fabbrica le trovi molto simili. La bottiglia è molto semplice, la fabbrica è molto semplice però funziona. Immagino gli ettolitri che si producono ogni giorno, immagino l'organizzazione che c'è dietro. Parlando anche con dei dipendenti, ho visto che dietro c'è un'organizzazione pazzesca. Io non sapevo niente allora. C'è dentro una grande passione. Tutti sembrano prendere parte a un unico progetto per ottenere un prodotto che è la birra, la birra Peroni in bottiglia, barattolo o alla spina.

DB. E l'idea progettuale quando ti è scattata?

TAG. L'idea è venuta già dalla prima visita che abbiamo fatto alla fabbrica Peroni. La nostra classe, composta da quindici persone, ha avuto all'inizio uno sguardo molto uniforme. Nella lezione successiva abbiamo rianalizzato le fotografie e si assomigliavano quasi tutte. Nessuno aveva ancora colto la fabbrica in modo personale. Io quel giorno avevo già messo a fuoco la mia idea, visto che nessuno aveva fotografato una fabbrica in Polaroid. Mi piacevano i contrasti che venivano fuori con il metallo.

SCELTE STILISTICHE E LINGUAGGIO ESPRESSIVO

DB. Con il professor Siragusa abbiamo ragionato sulle scelte che avete compiuto e sul linguaggio che avete usato, che sono evidentemente il frutto di ragioni espressive. Le vogliamo esplicitare?

AS. Sì, è vero. Io ad esempio ho compiuto una scelta ben precisa: una volta che ho visto gli oggetti storici presenti in fabbrica ho deciso di concentrare il mio lavoro finale solo su questi, tenendo sempre la stessa distanza dall'oggetto. Ossia ho cercato di fotografare il soggetto da più lontano possibile, sempre alla stessa distanza, e poi ho lavorato in post-produzione scontornando gli oggetti con Photoshop e inserendo lo sfondo nero.

DB. Quindi hai fatto una post-produzione importante.

AS. Sì, soprattutto questa fase di still life concettuale è tutta incentrata sul lavoro di post-produzione.

DB. Era importante capire l'approccio. E tu Elena?

ED. Io ho lasciato la realtà così com'era. Ho solo sistemato le foto di architettura, ma ciò che ho fotografato è esattamente ciò che ho visto in fabbrica. L'ho fatto per mia scelta personale, perché penso che nello still life va bene che il prodotto sia perfettamente eseguito, mentre per una immagine corporate è importante, secondo me, lasciare i segni del tempo.

DB. ... il contrario di ciò che di solito chiediamo ai fotografi che realizzano servizi corporate dell'azienda... Nella autorappresentazione le aziende tendono a mostrare la perfezione assoluta.

ED. Infatti questa è la mia personale interpretazione della fotografia corporate. L'azienda mi aveva chiesto di non fotografare determinati dettagli, come una scopa fuori posto o cose del genere. È vero anche che nella fotografia corporate il fotografo deve soddisfare le richieste del cliente, non può fare di testa propria.

DB. Qui effettivamente entra in gioco l'eterno dilemma tra la componente autoriale e il necessario confronto con la committenza.

ED. Diciamo che ho evitato di riprendere cose che sapevo l'azienda non avrebbe gradito che mostrassi, sapendo che non avrei post-prodotto. Quindi ho agito in questo modo dall'inizio.

DB. E siamo giunti al vero nodo critico della fotografia corporate.

AS. Sì, perché le aziende oggi cercano di mostrare la perfezione, ma secondo me non è necessaria.

DB. Sicuramente mostrando un aspetto più vissuto, umano e veritiero si toccano corde emotive insensibili a una visione edulcorata e perfetta. Ivan, vuoi aggiungere anche tu qualcosa sul linguaggio che hai scelto?

IC. Ho scelto lo still life per l'80%, mentre il 20% è costituito dai lunghi corridoi che ho voluto inserire nel mio progetto. Nello still life ho deciso di lavorare con un 120mm macro, un obiettivo che ti conduce dritto dentro la materia. Ho portato tutti i materiali che l'azienda mi ha fornito nella sala posa dello IED e lì ho lavorato stretto sul materiale, per farne sentire la consistenza. Come se guardandolo si potesse capire immediatamente di cosa è fatto. Anche in post-produzione ho deciso di rompere i canoni dello still life, che richiedono una foto perfetta e curata nei minimi dettagli; ho aggiunto alcuni particolari, tirando fuori la consistenza del materiale per esaltarla.

DB. Interessante questo aspetto che accomuna tutti i vostri lavori, ossia la volontà di raccontare una storia di vita vissuta, un pezzo di storia italiana, di cultura popolare. Nel desiderio di non rappresentare oggetti tirati a lucido si rispecchia la visione di un'azienda che ha vissuto e che necessariamente si è sporcata le mani e le vesti. Mi piace la corrispondenza tra la storia di Birra Peroni e le vostre scelte interpretative e stilistiche. Ivana, tecnicamente ed espressivamente, l'approccio e il linguaggio che hai usato li vedi coerenti con ciò che hai visto? E come lo hai voluto raccontare?

IB. Ho messo in relazione i paesaggi e la figura umana. Infatti gli autoritratti rappresentano figure umane del passato, come ad esempio la vedova, la lavandaia, la contadina e la donna medio-borghese. Man mano c'è un crescendo, in cui faccio fluire queste figure che sono ancora presenti nella nostra cultura tradizionale.

DB. Il bianco e nero ti ha aiutata a raccontare questo?

IB. Sono trenta scatti in bianco e nero, che appunto alternano paesaggi e figura. La scelta del bianco e nero è stata fatta soprattutto perché ha quel richiamo del passato, più nostalgico, e consente una lettura semplice della materia. Nel bianco e nero si percepisce di più la terra, i tessuti, tutto ciò che riguarda lo spazio.

DB. Il tuo lavoro ha una particolarità, a differenza degli altri ragazzi, che hanno tutti operato all'interno della fabbrica o portando in studio oggetti come la bottiglia, le etichette o le materie prime. Tu hai realizzato tutto fuori dall'azienda. Per ispirarti hai attinto a un tuo mondo interiore di riferimenti culturali e ricordi oppure hai letto qualche cosa, o hai fatto un giro sul web? Come hai fatto?

IB. È stato più un percorso interiore, mi sono relazionata al mio territorio. Ogni volta che da Roma tornavo qui cercavo oggetti come una tinozza antica, o un abito, o semplicemente giravo per le strade. Ho documentato ciò che avevo vissuto, ciò che vedevo intorno a me da bambina. Anche le immagini che ho trovato tra le foto di mia nonna mi hanno ispirata e stimolata.

DB. Tu di dove sei?

IB. Sono di Lucera, in provincia di Foggia. Però arrivavo sempre fino a Bari. E per i baresi la Peroni è religione.

DB. Insieme a san Nicola, subito dopo, pari grado. E ora Thiago. Raccontaci del tuo progetto e del tuo linguaggio espressivo. Hai usato sia il bianco e nero sia il colore. Perché?

TAG. Gli interni sono in bianco e nero, gli esterni invece sono a colori.

DB. Quindi hai scelto appositamente questa differenza?

TAG. Si, perché dentro è presente molto metallo lucido e la Polaroid in bianco e nero crea un bel contrasto fra l'elemento lucido e l'elemento buio, quindi si dà risalto ai tubi – infatti ho fatto molte fotografie ai tubi. Nonostante siano Polaroid, le linee sono dritte. A me piacciono molto le fotografie degli interni.

DB. E per l'esterno hai usato il colore.

TAG. Nonostante fosse periodo di piogge, c'era bel tempo. Con il professore abbiamo analizzato il lavoro e deciso che dovevamo dare un po' di dinamismo al progetto. Quindi per l'interno abbiamo scelto il bianco e nero, mentre gli esterni li abbiamo fotografati a colori: i pali rossi, i muri con le frecce colorate ecc. Ho usato una pellicola particolare, che tende all'azzurrino, per esaltare i colori presenti in fabbrica.

DB. Questo linguaggio espressivo, queste tecniche, le hai scelte perché il luogo te le ha ispirate?

TAG. Spero sempre che mi ricapiti un'occasione come questa! Quando sono entrato in azienda mi sono detto: "Chi l'ha mai fatta una foto alla Peroni – o a una fabbrica in generale - in Polaroid?" Le Polaroid sono pezzi unici, che io poi ho sistemato in scatole. Gli scatti non potranno più essere rifatti in quel modo. A differenza dei miei compagni, che lavorando con la normale macchina fotografica possono riprodurre la stessa foto un centinaio di volte, le mie sono uniche, irripetibili.

DB. La Polaroid ha quella caratteristica.

TAG. È unica.

SORPRESA O CURIOSITÀ

DB. Se le due leve del fotografare sono la sorpresa e la curiosità, Andrea, c'è uno dei due elementi che nel tuo lavoro ha prevalso sull'altro?

AS. Per me è la curiosità, la curiosità di vedere oggetti mai visti prima. Ho 24 anni, quindi si tratta di oggetti molto più vecchi di me. Non avrei di sicuro avuto la possibilità di vederli altrove se non all'interno della Peroni. Potendo in questo caso fotografarli, ho voluto dar loro una nuova identità e allo stesso tempo restituire quella che avevano un tempo. Far vedere dunque le loro funzioni. Durante la fase di post-produzione non ho ritoccato tantissimo, proprio perché non volevo alterare lo stato in cui ho fotografato gli oggetti. Nel mio caso il motore è stato senz'altro la curiosità. Riconoscerli, farli vedere e farli scoprire agli altri.

DB. Hai dato un titolo a ogni foto?

AS. Avrei voluto mettere una didascalia, ma non ho potuto farlo perché quando fotografavo non ho sempre visto le targhette, quindi anche se per alcuni si potevano intuire, altri oggetti non li riconoscevo.

DB. Invece Elena?

ED. Forse più la curiosità. La sorpresa è invece quello che mi aspetto dal fruitore del mio lavoro. Mi piacerebbe creare un effetto sorpresa che nessuno si aspetta. Normalmente non si sa com'è una fabbrica, non si è mai stati dentro. Noto che chi guarda le foto è sorpreso. Mentre quello che mi ha mosso di più nel realizzare gli scatti è la curiosità. L'approccio è diverso.

DB. È molto interessante vedere come un occhio giovane è colpito da alcuni aspetti e come li rappresenta. E tu, Ivan?

IC. Prima vorrei dire due parole sul punto sorpresa e curiosità, perché secondo me tutti siamo per la curiosità – abbiamo scattato per curiosità, perché scattare per sorpresa a noi fotografi sembra banale.

DB. Certo, è più del fotografo non professionista.

IC. Quindi anch'io per curiosità. Prima di pensare e realizzare il progetto ciascuno di noi ha studiato la storia della birra in generale. Su di me questo tema ha creato un effetto forte di curiosità perché mi sono veramente appassionato. Non sapevo come si produce la birra, non conoscevo il processo, e quindi è stata proprio la curiosità che mi ha ispirato.

DB. All'interno della fabbrica cosa, in particolare, vi ha sorpreso?

IC. Non avevo mai visitato un'azienda così grande e così importante: appena entrato ho visto la sala di cottura e per me quegli oggetti metallici enormi sono stati una vera sorpresa. In un primo momento ti domandi a cosa servono, poi riesci a capirlo; però è un iter davvero complesso.

ED. La sorpresa è dovuta ai grandi spazi ma anche al modo in cui i lavoratori interagiscono fra loro, tutti che si salutano quando si incrociano…

IC. Li abbiamo visti come una grande famiglia che si incontra ogni giorno.

DB. La parte industriale indubbiamente ha un'identità molto forte e compatta. Nello stabilimento, sebbene vi sia una chiara ripartizione gerarchica dei ruoli, c'è una forte fratellanza e si percepisce l'esistenza di un progetto orizzontale, fatto di integrazione, comunicazione e lavoro per un unico scopo, cioè fare bene la birra. Ivana, in linea con quanto è venuto fuori dal colloquio con gli altri ragazzi e in merito alle due leve del fotografare, la sorpresa e la curiosità, in te che cosa ha prevalso? Quando sceglievi il soggetto da fotografare, cosa ti ha guidato più di tutto?

IB. Bella domanda. Diciamo che la curiosità c'è sempre. Lo sperimentare, il mettersi in gioco. Questo è il mio primo progetto di autoritratto. È stato strano, un percorso davvero strano. In realtà mi ci sono ritrovata in queste cose: per quanto lontane possano essere, mi ci sono ritrovata.

DB. Quindi il tuo è un progetto basato sull'autoritratto. Sei tu, quindi, che interpreti tutte le figure femminili?

IB. Sì.

DB. Thiago, per te quale è stato l'elemento dominante tra la sorpresa e la curiosità?

TAG. Per me è stato la curiosità. Infatti il mio progetto prevedeva una presentazione in cui le foto erano poste all'interno di scatole nere che dovevano essere aperte. Se ti metto davanti otto scatole, e non ti dico cosa contengono, tu hai la curiosità di aprire e nel momento in cui apri dici:

"Bello, che cosa sono?" È evidente che si tratta di foto della fabbrica di Birra Peroni. Anche se non avessi detto niente, ci si sarebbe arrivati comunque. Mi piaceva l'elemento della curiosità e ho cercato di esprimerlo attraverso il contenitore. Le scatole sono un elemento molto importante del mio progetto e non una componente secondaria. Basterebbe anche un telo che si alzi e si riabbassi. L'importante è che le fotografie siano coperte in modo tale che non si vedano.

DB. Quindi in realtà cerchi proprio l'effetto sorpresa.

TAG. Sì, sicuramente. Anche perché la Polaroid di per sé è sorpresa: con una normale macchina fotografica vedi cosa stai fotografando nello schermo digitale. Invece con la Polaroid devi aspettare almeno un quarto d'ora per sapere come è venuta. C'è la curiosità come movente, e poi anche la sorpresa, perché quando la vedi pensi che sia venuta esattamente come la volevi. Tutti e due i fattori sono importanti.

COM'ERA E COM'È BIRRA PERONI?

DB. Adesso vi farei un'ultima domanda che riguarda l'identità di Birra Peroni. Rispetto all'idea dell'identità Peroni che avevate prima di approcciare l'azienda, conoscendo solo il prodotto, c'è stata una differenza nel momento in cui avete varcato il cancello? Se è così, ora vedete il prodotto in maniera diversa?

AS. In realtà prima vedevo la Peroni solamente come una birra – non conoscendo tutto il mondo che c'è dietro – e non avrei mai immaginato determinate cose. Una volta entrato ho visto e conosciuto alcuni degli operai e ho notato la collaborazione tra di loro. E poi ho capito che il processo per produrre la birra, che noi troviamo pronta sulla nostra tavola, è lunghissimo.

DB. Rispetto alla conoscenza superficiale di un prodotto, hai conosciuto cosa c'è dietro.

AS. Ho visto e sentito tutto il processo che c'è dietro e quanto lavoro faticoso e competenza c'è sia nella produzione sia nella distribuzione della birra.

DB. Invece, più filosoficamente, come lo percepivi il marchio Peroni? Storico, vecchio?

AS. Sicuramente un marchio storico.

DB. Vecchio o storico, nel senso buono del termine?

AS. Storico nel senso buono del termine, dire che una cosa è vecchia è molto riduttivo. Soprattutto per Peroni, che ha visto la storia dell'Italia e da oltre 170 anni ha il predominio su tutte le tavole del Paese. Dove c'è famiglia, c'è Birra Peroni.

DB. Elena, raccontami, l'identità di Birra Peroni conosciuta prima e percepita dopo ha coinciso o c'è stata una differenza?

ED. Diciamo che un'idea già me l'ero fatta, perché una birra che esiste dal 1846 una base solida la deve avere per forza. Questa impressione è stata confermata e ho capito che Peroni è una birra importante. Non ho avuto uno shock e non sono uscita dalla fabbrica con un'idea totalmente diversa: si è confermata l'idea che avevo.

DB. Quindi non c'è stata una stonatura tra la birra da voi bevuta e l'industria così moderna, innovativa? Alcuni notano la scarsa manodopera, perché la produzione è fortemente automatizzata. Questo può fare impressione.

AS. Questo sì, perché la forza lavoro è stata sostituita dalle macchine.

ED. Sì, sicuramente, ma non percepisci due cose diverse fra dentro e fuori. Forse sarebbe importante fare arrivare questa conoscenza dell'azienda tra i giovani, per svecchiare l'immagine che ha la Peroni tra di loro.

DB. E tu Ivan che ne pensi?

IC. In Calabria, da dove provengo, nel consumo diurno la birra è Peroni. Alcuni miei zii e parenti che coltivano le loro terre e lavorano sotto il sole bevono sempre minimo tre Peroni ogni giorno. Nel consumo serale questa scelta certa un po' si perde, magari si va anche alla ricerca di birre diverse.

DB. Ivana, nonostante la tua narrazione sia stata condotta fuori studio, fuori azienda, quando sei stata in fabbrica che identità hai percepito? Cosa ti ha colpito di Birra Peroni? Era in linea con l'idea che avevi o era diversa? Questa esperienza ha aggiunto o ha tolto?

IB. Per me il marchio Peroni è questo: portare avanti una tradizione guardando al progresso ma non dimenticando mai quello che è stato. Ecco perché ho realizzato un progetto in linea con ciò che Birra Peroni è e fa. O per lo meno, questo è ciò che percepisco ogni volta che bevo la Peroni, in qualsiasi contesto, quando sono con gli amici o quando sono in giro per la città. La Peroni da noi è una tradizione. È ineluttabile. Vedendola dall'interno dell'azienda, ho sentito tutta questa semplicità e autenticità.

DB. Questo è molto bello. Non hai sentito una contraddizione tra come il prodotto Peroni viene vissuto fuori e come è in realtà? Non hai avuto una sensazione di contrasto?

IB. No, per niente.

DB. Thiago, rispetto all'idea che avevi di Birra Peroni – come azienda e come prodotto – prima di conoscerla personalmente, è cambiata la tua percezione?

TAG. È molto migliorata, perché da molti giovani la Peroni è considerata una birra "popolare". La Peroni – e l'ho detto a tutti i miei amici – ogni giorno produce quantità enormi di birra con una precisione veramente assurda.

DB. Ti ha molto colpito l'organizzazione industriale.

TAG. Molto. Era tutto perfettamente in ordine.

DB. Il fatto storico, il fatto che l'azienda abbia oltre 170 anni, ti importa? La percepisci questa cosa?

TAG. Questo aspetto l'ho sentito di meno, perché io abito vicino alla vecchia fabbrica romana di piazza Alessandria e la parte storica l'avrei sentita di più se quella fabbrica fosse ancora attiva. Andando invece a vedere una fabbrica così moderna la storia si percepisce di meno.

DB. Grazie ragazzi del vostro tempo e della vostra visione. Gli occhi di cinque giovani fotografi ci hanno restituito un'immagine insolita e al tempo stesso molto autentica della nostra azienda. Vi ringraziamo per lo stimolo a fare sempre meglio e per l'ispirazione che abbiamo ricevuto.

AN
DREA
SAN
TA
MA
RIA

Le fotografie di **Andrea Santamaria** hanno il sapore delle tavole pittoriche dell'arte fiamminga, con le immagini dei grandi oggetti che fanno parte della collezione del museo dell'azienda. L'idea di inserirli in una scenografia fatta di nero assoluto non solo elimina ogni possibile distrazione nell'osservazione degli oggetti, ma ne annulla anche la collocazione temporale, facendoli diventare elementi di un racconto senza soluzione di continuità tra passato e presente. La Peroni diventa allora quasi una compagna che ha saputo affiancarci negli anni, assecondando i cambiamenti che la società civile, di volta in volta, ha espresso.

**il sapore
delle tavole
pittoriche
dell'arte
fiamminga**

ANDREA SANTAMARIA

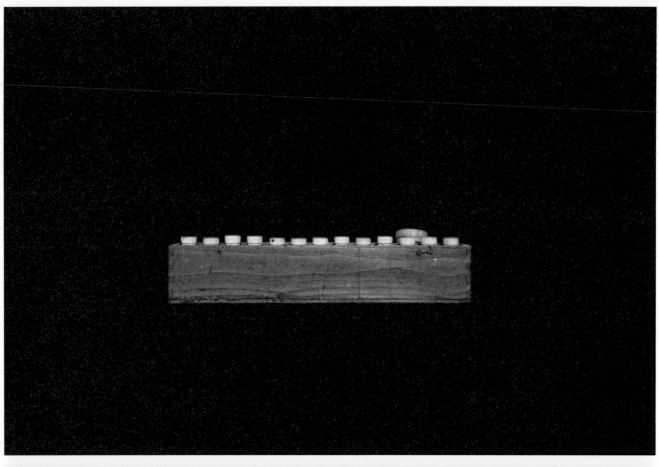

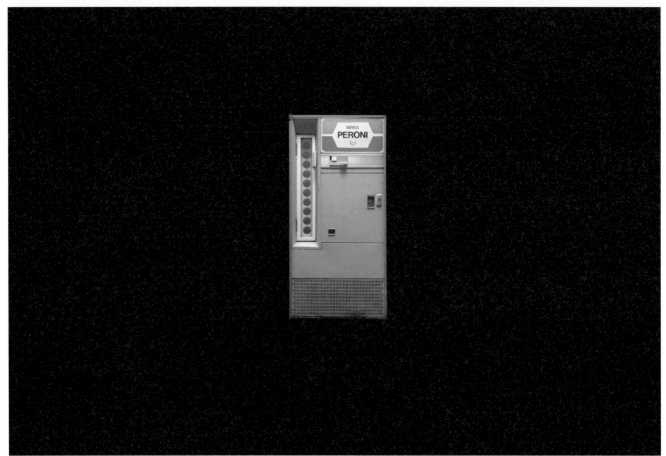

ANDREA SANTAMARIA

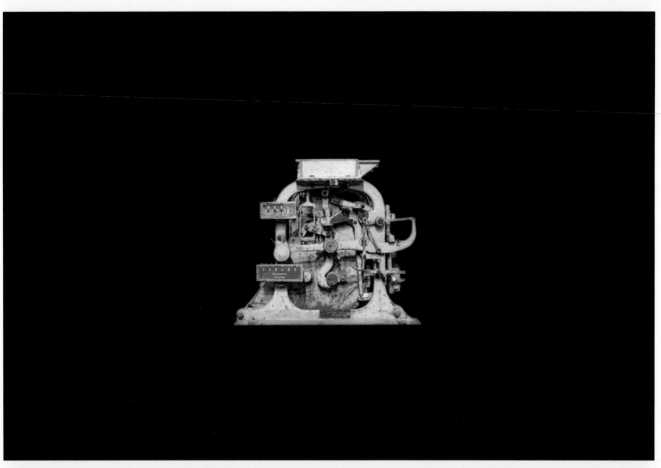

ANDREA SANTAMARIA

ELE NA DURAN TE

Il lavoro di **Elena Durante** è un'analisi molto vasta e articolata all'interno del mondo aziendale. Le tre grandi realtà industriali della Peroni sono state raccontate, con sistematica precisione, in un percorso che si inscrive perfettamente all'interno dei canoni classici della fotografia industriale. L'apporto creativo di Elena si evidenzia, oltre che nell'estremo rigore con cui ha visto le strutture industriali, soprattutto nei momenti di sospensione. In quegli scatti, cioè, in cui ha posto l'accento sui segni nel pavimento e sulle tracce del lavoro lasciate dalle macchine e dalle attrezzature. Macchie, segni di passaggio, bagnato. Tutti elementi che ci indicano come, dietro ogni struttura, alla fine troviamo l'uomo che con il suo lavoro, la fatica e, soprattutto, il suo ingegno, dà voce e anima a tutto ciò che lo circonda.

elementi che
ci indicano come,
dietro ogni
struttura, alla
fine troviamo
l'uomo

ELENA DURANTE

ELENA DURANTE

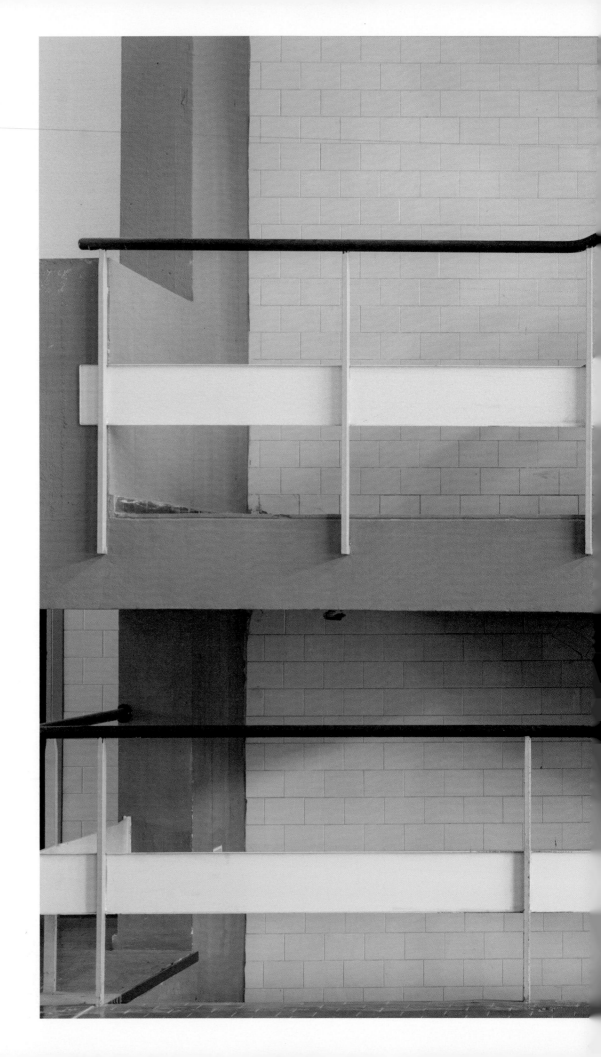

ELENA DURANTE

ELENA DURANTE

ELENA DURANTE

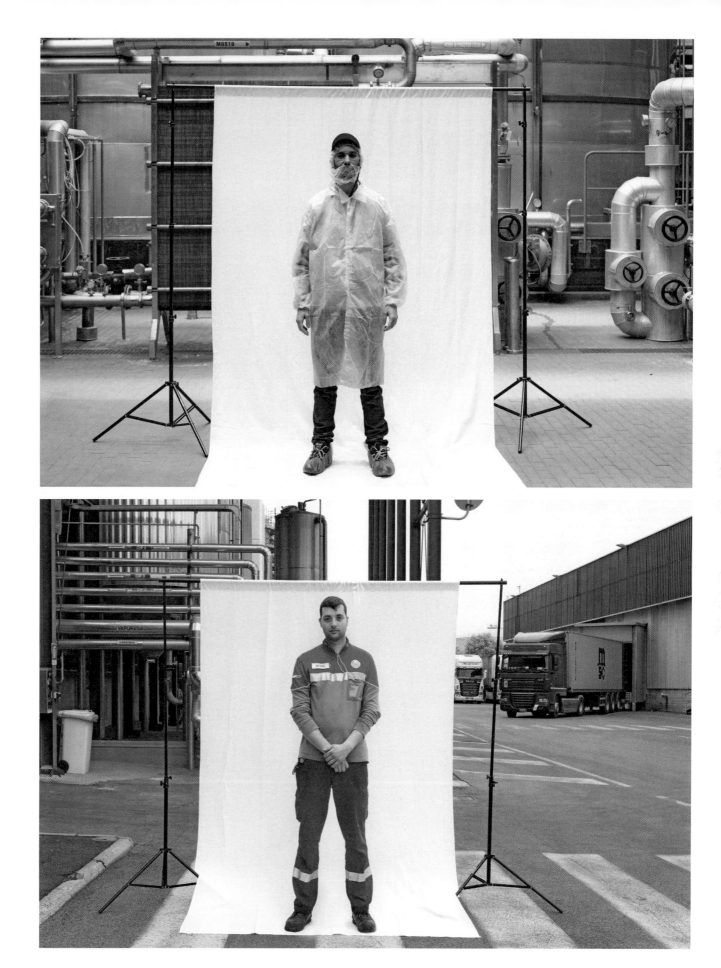

ELENA DURANTE

IVAN
CE
RA
SIA

È la scomposizione l'idea alla base del lavoro di
Ivan Cerasia. Nel suo progetto, il prodotto – la birra –
è analizzato come in un esercizio di indagine microscopica,
alla ricerca degli elementi fondanti, in cui tutti i componenti
della bevanda – il lievito, il luppolo, l'acqua – sono fotografati
con un sofisticato processo creativo e sembrano volerci
suggerire chi sono: si presentano, dichiarano apertamente
la loro identità. Come a ricordarci che ciò che beviamo non
è altro che la somma di personalità materiche differenti
unite attraverso un processo lungo, che è espressione
di qualità e di cultura.

**un esercizio
di indagine
microscopica,
alla ricerca
degli elementi
fondanti**

IVAN CERASIA

IVAN CERASIA

IVAN CERASIA

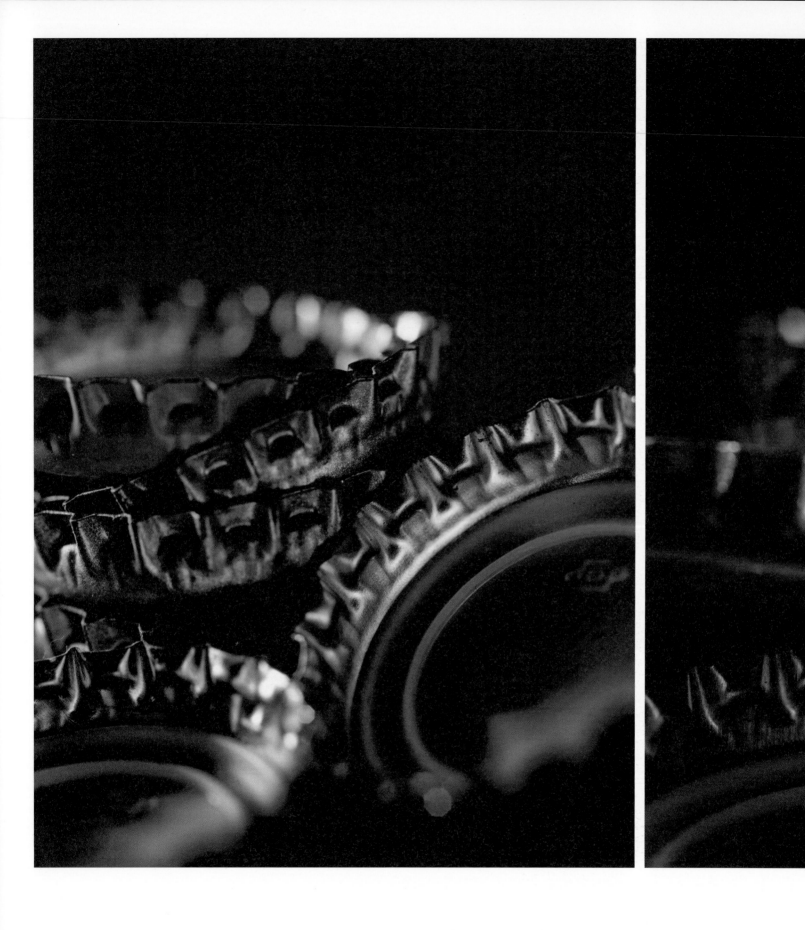

IVAN CERASIA

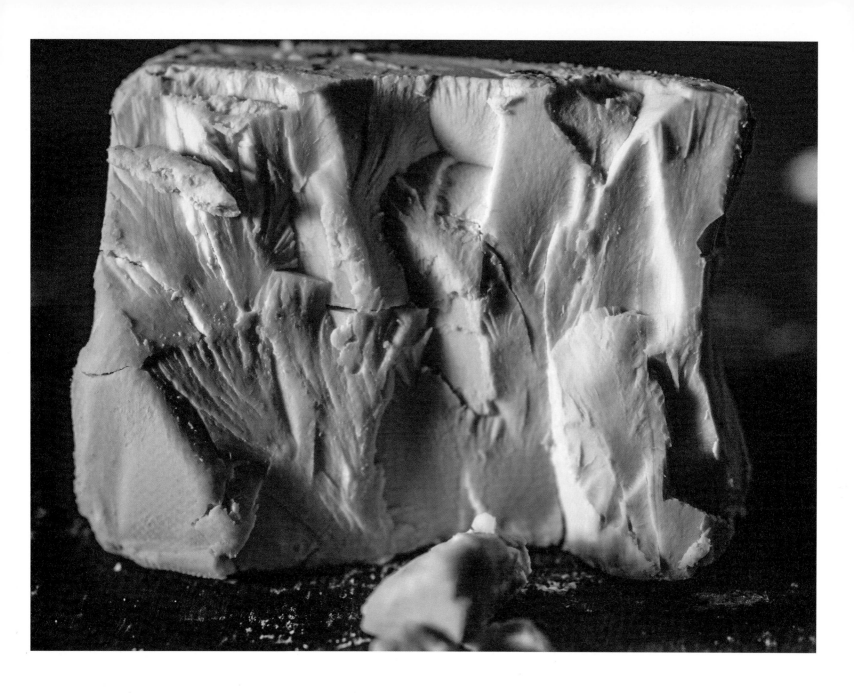

IVAN CERASIA

IVAN CERASIA

IVAN CERASIA

IVAN CERASIA

IVA NA BIAN CO

Il progetto di **Ivana Bianco** è giocato sul tema del simbolismo. L'importanza che un'azienda come Peroni ha avuto all'interno della realtà pugliese è qui raccontata con un dialogo tra immagini simboliche dell'evoluzione del ruolo della donna nel tempo e foto di paesaggio della realtà barese. L'aspetto più interessante e particolare del lavoro di Ivana è che tutte le foto delle figure femminili presenti sono degli autoritratti. La messa in scena e l'autoritratto come chiave di lettura della realtà sottolineano e avvalorano il contenuto simbolico e identitario del brand: la Peroni ha segnato una realtà e un'epoca, dando lavoro ma, soprattutto, identità. Non a caso, le sole immagini dell'azienda presenti in questo progetto sono un dialogo tra una foto storica e una recente. Come a segnalare un punto fermo all'interno di un processo di evoluzione nel tempo.

un dialogo
tra immagini
simboliche
dell'evoluzione
del ruolo
della donna
nel tempo

IVANA BIANCO

IVANA BIANCO

IVANA BIANCO

IVANA BIANCO

THIA GO AN DRES GNES SI

Le Polaroid di **Thiago Andres Gnessi** sono oggetti fisici e affascinanti. L'analisi del suo lavoro va oltre la semplice individuazione di relazioni tra immagini, tra primi piani quasi macro e visioni d'insieme. L'uso di un mezzo così particolare come la Polaroid richiede una chiave di lettura molto più proiettata verso l'analisi di un'opera d'arte. Per le sue stesse caratteristiche tecniche – sfocatura, colori avulsi dalla realtà, perdita d'incisione – la Polaroid è un materiale di trasformazione e interpretazione. Inoltre, la peculiarità più importante è che trasforma la fotografia in un esercizio non più riproducibile. È l'unicità dello scatto, dunque, a impreziosire e a conferire valore all'azione interpretativa messa in atto dal fotografo. Per queste ragioni le immagini di Thiago sono permeate di un raro equilibrio e di una straordinaria capacità evocativa.

un raro
equilibrio
e una
straordinaria
capacità
evocativa

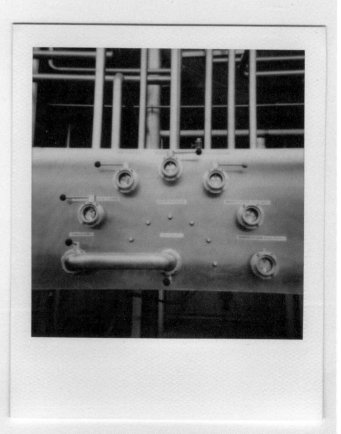

THIAGO ANDRES GNESSI

THIAGO ANDRES GNESSI

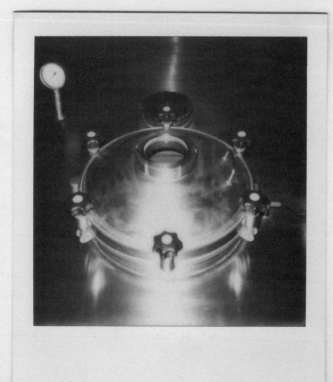

THIAGO ANDRES GNESSI

THIAGO ANDRES GNESSI

EN GLISH TRANS LA TIONS

INTRODUCTION

The corporate image of Birra Peroni —but also, inevitably, its image as a brand— as seen through the eyes of others is the inspiration behind this book of photographic works.

Indeed, in our desire to publish a company monograph, we decided to let the images speak for themselves, in coherence with what we feel Birra Peroni means to the cultural, social, and economic history of our country. The corporate culture that Birra Peroni has expressed and continues to express since 1846 in Italy can be seen in the way the company is perceived and experienced from the outside: how communities have lived its industrial, commercial, and human presence, or how the press has commented the key turning points in its history, or how people perceived and still perceive the company and its products.

It is not merely an exercise in self-representation, but a form of narration that has been woven through the voices and the eyes of others.

This story unfolds both from a historical perspective, through a gallery of images from the company's historic archives, and in the present day, through a selection of photographs produced—under the guidance of Professors Massimo Siragusa and Daria Scolamacchia—for their final thesis by five young photographers, who obtained their diplomas on the three-year Photography course at the IED (Istituto Europeo di Design) in Rome. After the exhibition of the photographic works, the collaboration between Birra Peroni and IED Rome continues, reconfirming their mutual investment in supporting Italian talent, contextually from a national, European, and international perspective.

The images are accompanied by interviews with the photographers: their words and their stylistic choices add an original point of view that throws light on the world of the younger generations and their relationship with such a historic brand like Peroni.

What we see in their photographs is the image of a historic Italian company that is firmly rooted in tradition while at the same time constantly gauging its capacity to innovate and renew itself, stay in tune with the present, and anticipate the future.

The words of these young people that we liked the most were the ones that expressed amazement, enthusiasm, and creativity—three pillars that sustain Birra Peroni in its daily work.

THE GAZE OF OTHERS. YESTERDAY
Daniela Brignone

Birra Peroni was established in 1846 in Vigevano, which at the time was part of the Piedmont region. Eighteen years later, in 1984, the Vigevano brewery was flanked by a new production line in Rome, which was launched to increase the company's production and sales, changing and expanding with new branches over time to become the company we know today.

With a long-standing presence in Italy, the brand has evolved hand-in-hand with the social and cultural transformations of the country, which has constantly posed itself in a relationship of exchange with the company, providing new ideas and stimuli for growth as well as complexities and challenges.

The story of Birra Peroni has been told on many occasions: in the company's 150th anniversary monograph published back in 1996, in online features, and in exhibitions that have illustrated the various highlights of its long history. The key focal points of the various initiatives have been the company's profound relationship with the community; its strong industrial identity based on the search for quality and an elevated knowledge of brewing; the strategic history of the company; the link between the expansion of the towns and cities where it is based and their relative beer consumption; and the history of its iconic and legendary advertising campaigns.

In this photographic volume, words play a minor role and we will be using very few of them to instead highlight the company's history from a quite different perspective, through images from our historic archives and the pictures by the young photographers from the Istituto Europeo di Design, providing a snapshot of how Birra Peroni was and is seen and experienced from the outside.

Here, we will briefly trace the key milestones of the history of the company from the specific perspective of the communities and the individuals who worked at, knew about, loved, used, entered into partnership with, consumed, supplied, lived in the same geographical locations or identified themselves with Birra Peroni and its brands.

The entrepreneurial story of Francesco Peroni began with a courageous leap of faith. Brewing was quite a widespread trade in the Kingdom of Savoy: indeed, in the mid-nineteenth century the number of breweries in the Sardinian States stood at a good 57 factories, with an annual production of approximately 50,000 hectolitres. Strongly driven by his belief in progress, toward the end of 1845, in the full throes of the Italian Unification, Francesco Peroni decided to leave Galliate, the village where he was born, and settle in Vigevano, at the time a thriving commercial center that was much more lively and stimulating than his hometown, a place where hundreds of people from the local area came to trade, buy goods, livestock, and furniture. He soon became the only producer of beer in town.

Today, we can only imagine who the clients of Francesco Peroni's alehouse, with its nearby brewery in Contrada Rocca Nuova (now Corso della Repubblica), might have been in the Vigevano of the nineteenth century. Although the price of a tankard of beer was much higher than wine, which made it less accessible to the least wealthy social classes, the Peroni alehouse was always full until closing time, as can be seen from the documents in the archives. However, Francesco had very different and far grander ideas in mind: he knew that if he were to develop a solid business, he would have to capitalize that typical entrepreneurial mentality of the Piedmont-Lombardy area that had nourished him since he was a child.

Following the emigrational movements of Italian northern entrepreneurs toward the centre of the peninsula, Francesco preceded the 1970 capture of Rome (the final event of the process of Italian Unification): indeed, by 1864 he had already set up a second brewery in what was soon to become, just six years later, the Capital of the new-born Kingdom of Italy.

Following the death of Francesco in 1894, the company focused its energies on Rome where, in the late nineteenth century, there were a good thirteen breweries that produced approximately 3,600 hectolitres of beer a year. They were small production lines run mostly by foreigners, especially Swiss. The Peroni family immediately invested in industrial equipment to gain a leading position in town, not only in terms of the size of the production activities and the number of workers employed but also as regards the preference of consumers. They shortly became the Italian leaders in a brewing world with a foreign imprint. Francesco's hunch was so right that the Rome-based production line, with its brewery and adjacent alehouse, moved a good three times between 1864 and 1901, following the growth of its beer production. The brand faced the new century from its stronghold, Birra Peroni at Porta Pia; a veritable industrial brewery that extended over three blocks: a sort of "company town" within the city, with apartments for employees, canteen, and afterwork activities.

On the threshold of the Italian entry into World War I, in 1915, beer consumption in Rome reached 13 litres per head a year, against the national average of 2.2 litres. Both in the lively *café chantants* of the city center and the tourist districts, and in the eateries and community markets of popular neighborhoods, beer was always the favorite among the clientele. And Peroni was their first choice.

Francesco's intuition about the company's future in Rome (first Papal and then Italian) was rewarded by a clientele that in the final decades of the century and the Giolitti era was decisively elitist, made of international tourists and the local upper classes. Indeed, beer drinking only started spreading to other social groups during the Fascist period. Due to its lightness, beer was commonly perceived as a "hygienic" drink for men (particularly smokers, athletes, and workers) that had nourishing and thirst-quenching properties—which is the reason why it is commonly drunk in the summer months in Italy.

Meanwhile, the numerous quality awards that Birra Peroni received in national and international competitions, including at the world fairs of Paris, Marseilles, and Turin, encouraged the company to forge ahead on its path.

The accounts of those years from the people of Rome speak of a factory "out-of-town," beyond the Aurelian Walls, which in the decades that followed became increasingly hemmed in amidst the fast-growing urban fabric. Recollections of the horse-drawn carts, chimney stacks, and the smell of cooked beer that permeated the entire neighborhood are still alive, just like the memories of the streams of women changing shifts and the male custom of loitering outside the factory entrance in search of a wife.

The growth of the company was driven by a very specific strategy: after uniting the production and sale of beer and ice (two commercially complementary products), Birra Peroni set its eyes on southern Italy, a market that was much easier to penetrate due to the presence of less solid breweries. The region also had a greater potential than the north, thanks to the high beer consumption in the summer and the model of "common" consumption, typical in southern societies. After conquering the south, Birra Peroni made its way back up the peninsula and in 1924 opened a new brewery in Bari, setting for the beginning of a glorious period that, although

interrupted by the World War, saw the company operating across eight production facilities, absorbing the factories and clientele of numerous breweries in central-southern Italy and multiplying the number of licensed warehouses, some of which became bottling centers—a phenomenon that took place nationwide.

The urban neighborhoods of the cities where Peroni factories were based were equipped with direct outlets. In the 1930s, the range was expanded with new citrus drinks which—as the story goes—were so genuine that their production soon proved to be barely profitable, along with the strong-flavor "Superbirra," and the famous Peroncino, the 20 cl format that was destined to become a huge success among the clientele.

The advertising campaigns were both clever and all-pervading: images of elegantly dressed women and men wearing tailcoats, but also young and ordinary people drinking Peroni beer, filled the pages of newspapers, alongside radio adverts, billboards—with the new image of a ruffled and industrious waiter—and the signs for the sales points, which were to become iconic collectables in modern times, like the legendary Peroni bottle top.

Beginning in the 1950s, the social changes brought about by the economic wellbeing created more opportunities for consumption: beer was no longer an elite product but had become an integral part of the Italians' dining habits. As a direct consequence, in the 1960s and from then on, the domestic consumption of beer was on a constant rise, catapulting the brewing sector into the world of food distribution. The increase in sales was also due to the introduction of a new beer on the market, which was to achieve far-reaching success: the special Nastro Azzurro, created in the Naples factory in 1963. By 1965, it had already become an internationally acclaimed beer, receiving first prize in a lager competition that featured breweries from all over the world.

In the second half of the 1960s, the popularity of the Peroni brands rose to even greater heights thanks to bold television advertising campaigns: "The Peroni Blonde," the female representation of desire, entered the homes of the Italians, leaving behind the echo of its famous slogans: "Mi manca tanto la Peroni" (I miss Peroni so much) and "Chiamami Peroni, sarò la tua birra" (Call me Peroni, I'll be your beer) which, from then onwards, made Peroni the synonym of beer in Italy. Although it was becoming a national industry, with four new breweries built between 1953 and 1970, Birra Peroni still maintained its close ties with the local communities, creating jobs and establishing symbiotic relationships with

entire generations of families who grew up with the company, as well as participating in important collective events such as fairs, fetes, patron saint festivals, the "Befane del Vigile" charity events, Easter blessings, and local sports events.

With its commercial and industrial identity firmly rooted in Italy, Birra Peroni had been stepping into international markets as well, especially the Italian colonies and immigrants across the ocean, since the pre-war period. From the economic boom onward, and even more so in the 1970s and '80s, it became a symbol of Made in Italy, winning over important markets such as Australia, the UK and the USA, principally with its Nastro Azzurro brand.

The decades that followed were a race toward the present day: the global positioning of the brand was sealed at the beginning of the new century with the worldwide launch of Peroni Nastro Azzurro, a beer that blends the love for all things retro and the international breadth of Italian flavor that set a new standard in the beer world.

In 2016, Birra Peroni became part of the Japanese Asahi Group Holdings, which invests in production plants and Italian know-how with complete confidence. Today, the Birra Peroni company is an integral part of the social and economic fabric of Italy: three breweries in Rome, Padua, and Bari and the Saplo malt house in Pomezia, with a value chain that relies on over 1,500 barley farmers who produce only 100% Italian malt.

The company's ties with its territory are profound and palpable in the country's streets and plazas: roots in the past and an eye to the future, Italy's talents, innovation, and development.

THE GAZE OF OTHERS. TODAY
Massimo Siragusa

OBIETTIVO IMPRESA is a project created within the Corporate Photography course for third-year, Level 1 Diploma students at the Istituto Europeo di Design in Rome. Led by Professor Massimo Siragusa, the course focused on the study of the Peroni brand, with visits, research, and photo shoots that saw a successful and enthusiastic collaboration between the company and the institute. Five of the students involved decided to transform this experience into the subject of their thesis: the photographs selected for the exhibition of their works and this book are a summary of the works produced.

Max Giovagnoli,
Visual Arts Coordinator at IED, Rome

Producing a series of images for a company is a complex process that forces the photographer to bring enormous creative skills and critical thinking into play. In the professional field, this is probably the sector that offers the most freedom of personal expression, which must, however, be placed at the service of clients who have a very clear picture of their own identity and the objectives they want to achieve. For this reason, corporate photography is both the most fascinating but also the most difficult to accomplish. The photographers must bring into action and exercise all their empathy while treading an extremely fine line between artistic license and the need to work to very specific requirements. In this project created for Birra Peroni, all five works respond to the needs expressed by the company and can be fully defined as highly professional works.

Elena Durante's work is a vast and articulate analysis carried out inside the Peroni world. Peroni's three large industrial plants have been narrated with systematic precision, following a path that perfectly fits the classical canons of industrial photography. Elena's creative contribution stands out for the extreme rigor with which she observed the industrial structures, especially in their moments of "suspension"—that is, when the emphasis was placed on the marks on the floors and the traces left behind by the machinery and equipment. Marks, signs of passage, spillages: all elements that indicate how in the end, behind mechanization, we find human beings who with their labor, fatigue and, above all, ingenuity, give a voice and soul to everything around them.

Ivana Bianco played with the theme of symbolism. The importance a company like Birra Peroni has had for the Apulian social tissue is told through a dialogue between images symbolic of the role of women in time and landscape photographs of Bari. One of the most interesting aspects of Ivana's work is that all the pictures of the women are self-portraits. The notions of staging and self-portrait are the interpretation keys of the reality she portrays, emphasizing and validating the symbolic content and identity of the brand. Birra Peroni has marked both a whole reality and an era, providing not only employment but also an identity. It is not by chance that the only images of the company included in this project consist of a dialogue between a historic and a recent photograph, a sort of signposting within an evolutionary process.

With his images of large objects from the company's museum, Andrea Santamaria's photographs bring with them the flavor of Flemish paintings. The idea to stage them onto a completely black background not only removes any possible distractions when observing the objects but also cancels out their position in history, transforming them into elements of an uninterrupted dialogue between past and present. More than a company and a brand, Peroni then becomes almost a friend that has been by our side through the years, constantly adapting to the changes in civil society as they have unfolded over time.

Deconstruction is the basis of Ivan Cerasia's work. In his project, the product—beer—is subjected to microscopic analysis in the search for its constituting ingredients. All the components of the beer (yeast, hops, and water) have been photographed using a sophisticated creative approach whereby they seem to present themselves and openly declare their identity, as if they wanted to remind us that what we drink is nothing but the sum of the personalities of the different ingredients, the result of a lengthy process, and an expression of quality and culture.

Thiago Andres Gnessi's Polaroid images are physical and fascinating objects. The analysis he carries out in this work goes well beyond the mere search of relationships between his images, which consist of almost macro close-ups and wide views. The use of such a unique medium like the Polaroid demands to approach these photographs with the eyes of the art critic. With its technical specificities —blurring, colors detached from reality, and loss of incision—the Polaroid is synonym with transformation and interpretation. Furthermore, the most significant peculiarity of a Polaroid picture is that the photograph becomes a unicum that cannot be reproduced ever again. It is exactly the unrepeatable nature of the shots that makes them so precious, giving further value to the photographer's interpretation. This is why Thiago's images express such a distinctive equilibrium and extraordinary evocative power.

Andrea Santamaria (MATERIA)
Elena Durante (INDUSTRIA)
Ivan Cerasia (ICONE)
Ivana Bianco (NATÌA)
Thiago Andres Gnessi (ISTANTANEE)

THE INITIAL APPROACH WITH BIRRA PERONI AND THE CHOICE OF THE PHOTOGRAPHIC PROJECT

DB. Good morning, everyone. Thank you for coming. Let's start from how you experienced the initial approach with the company, the things that surprised you, and your impressions. How did these first impressions shape the choice of expressive language and the subject matter you chose? Let's begin with Andrea.

AS. The thing that struck me initially was the dimension of Birra Peroni. I knew we were dealing with a company that has a lot of competitors, but it makes products that have made the history of Italy. What surprised me the most was the "Italianness" of this company, even though it is owned by foreigners. I saw antique objects all over the premises—objects related to beer consumption and bars. I decided to subdivide my project into three parts: portraiture, architecture, and creative-conceptual still life.

DB. Do you think that you managed to represent your ideas through these three interpretation keys?

AS. Yes, I do. I wanted to represent the legacy of Peroni and show the history of the company through my shots.

DB. So, you were directly inspired by the company history.

AS. True. During our visit to the factory, I could feel it in the corridors, where there's a display of antique machinery.

DB. Yes, it's our "extended" company museum, which tells about the past and present of Birra Peroni's quality and production. It's a sort of art trail through the various departments—something which clearly inspired you.

AS. During our first guided tour in spring 2018, we had a look around the factory to see what we could photograph. At that very moment, I started with a basic idea and then, with the help and suggestions of our professor, I interpreted it in my personal way, making it my own.

DB. Did you guys share ideas during the decision-making process, or did you do all work independently? Did the chosen path include interaction with a fellow-student or someone else or was it completely individual?

AS. Initially we compared ideas, basically to avoid the duplication of projects—even

though, however similar a project may be, it can never be identical to that of another photographer, because everyone adds their own unique feel.

DB. In your case, Elena, what perspective of Birra Peroni amazed you the most and when did you decide what to focus your project on?

ED. As Andrea said, the first visit was crucial: I had never been inside a big company before and I had no idea what it would be like. As well as this, it was also significant to look at the works of past photographers and their approach to industrial photography.

DB. Was there a specific reference that inspired you?

ED. Yes, Gabriele Basilico. The first visit to the plant in Rome was fundamental in the choice of what direction to take; then, in the Padua and Bari factories I also allowed myself to be guided by instinct, because here too I received stimuli from the places and people. So at the beginning there was a significant base of research, but the initial idea got completely turned upside down during the work.

DB. What was the initial idea and how was it turned upside down?

ED. Firstly I decided to only document the industrial appearance of the company; then I realized that people were also important, so I integrated portraiture and also some more conceptual elements, which I was able to sharpen and hone with the help of Professor Siragusa. Furthermore, to show the signs of time in the factory, I took pictures of the floors, beer, and passing trolleys.

DB. So, not a perfectly clear and aseptic representation of a company that looks as if it has just opened its doors, but a place that has been lived in.

ED. Yes, because Birra Peroni has an important past. It's a historic beer, so I was interested in photographing both the new and the old.

DB. Did you perceive any difference between the Rome, Bari, and Padua plants?

ED. I felt they had the same identity, also because they all work toward the same goal. The job is the same for everyone and even though they were focused on their work, everyone was really helpful. When I asked if I could visit all three factories I thought the answer might be no, but I was wrong. It was a truly wonderful experience.

DB. You normally deal with modern factories, not industrial archaeology, is that right?

ED. I study contemporary industrial photography and entering here was such an emotion because it is unusual for a company to welcome you like this and show you their internal reality, which you can't even imagine from the outside. What amazed me the most were the large

spaces and the aspects related to the actual production, rather than the history. So, the production cycles, the people who work there, the industrial identity.

DB. What elements make up your project?

ED. I divided my book [the degree thesis] into three parts. The first is focused on the structure and machinery—almost aseptic, without people, exactly as they are, which was my intention. The second part consists of portraits that I took against a white sheet, or more precisely, I detached the subjects from the background; but the background can still be perceived, so you know that they are in a factory. I used this technique to emphasize the people, who, in my opinion, are the focal point of a factory even though machines now do almost everything on their own. So, we could say that, on the one hand, the message I wanted to convey was the factory itself, the machinery, and technology, while on the other, I also wanted to show the human aspect. Generally speaking, people were a little bit shy but in all of them I grasped a huge sense of belonging to Birra Peroni and a great pride in their work.

DB. So, machines and workers. What is the third element?

ED. The walls and floors of the factory, which is a way of showing their wear and tear, the signs of history. They are approximately a dozen photos in the project. However, these three themes have been combined in the final work.

DB. Now let's hear Ivan: what amazed you the most, what aspect of Birra Peroni inspired you and how did you portray it?

IC. The thing that struck me the most about Birra Peroni is its Italianness, because I grew up with this brand, so it's also part of my family's history.

DB. Was the perception you have of Birra Peroni in your family and when you drink it confirmed when you got to know more about the company?

IC. Yes, absolutely. It's also confirmed in my project, which is clearly focused on the materials, but at the same time I wanted to go beyond and tell the story of the company's work. My experience is different from those of my colleagues, who got their inspiration from the first visit to the company—which, however, also helped me to enrich the project I was thinking about. You know, since we were asked what we would do before visiting the company, I already had an idea in mind and decided on a style of photography that I really favor, which is still life. I worked in my studio and it was very conceptual and abstract. I did research on both the materials and the brand's iconography, my starting point being a bottle of Peroni beer. I took bottles and deconstructed every element, including the raw materials: glass, bottle tops, labels, malt, water. By deconstructing them, I realized that I had actually recreated the production process in the studio. Then I added pictures of the long corridors, which I took at the factory, and interspersed them with the photos of the different elements.

DB. When you first came here, you were a large group of students, but not everyone chose Birra Peroni. What made you choose us?

IC. Well, we were some twenty students and had to be split over three options: a thesis on the Peroni company, a personal thesis and a fashion thesis. Not everyone fell into the first, but I already had Peroni in my mind so I was ready. In my case, the first visit to the company didn't influence my choice because I'd already made my mind up before I arrived.

DB. And you, Ivana, what was your impression of Birra Peroni and when did you decide how you wanted to represent the company, before or after the visit to the factory?

IB. The project I implemented is based on my personal ties with Birra Peroni, not only in terms of the brand itself but also in relation to the places where I have drunk it—indeed, one of the main plants is in Apulia, the region where I was born. My project is called Natìa, a name that emphasizes the theme of native soil, without forgetting the importance that the Peroni brand has in Italy in general. My work consists of a sort of anthropological study that analyzes the population's behaviors, traditions, habits, beliefs, and superstitions in relation to the Apulia territory. A relation that goes on to create an authentic cultural identity.

DB. So, you had a very clear idea of what Birra Peroni was before you visited the factory and you wanted to express this idea in your work. And you, Thiago, did you take part in the visits to the factory straight away? When did you get the idea for your project? What interested you the most?

TAG. The pipes, the cleanliness. I saw that Peroni is a very well-kept factory. I've visited other production plants before and some can be a bit untidy, whereas in this case everything was really in order and in its right place. This gave me the idea to take some unusual pictures that could emphasize the perfection of the various elements. There's never a bag blowing in the breeze, or a bucket out of place.

DB. Spic and span. What did this cleanliness, this order and organization make you think about the company's identity? What does a company like this communicate to you?

TAG. First of all, it communicates hygiene. I've been drinking Peroni for a few years now, it's one of my favorites. When you look at the bottle and then you look at the factory, you can see they have a lot of

things in common. The bottle is very simple, and the factory is also very simple but highly functional. I imagine the hectoliters produced there every day and I think about what's behind it all. Talking to the employees also made me realize what an incredible organization is hidden behind the final product. I didn't know anything about it at the time. There's a lot of passion and everyone seems to have the common goal of producing beer, be it Peroni beer in bottles, in barrels, or on tap.

DB. And when did you first get the idea for your project?

TAG. The idea came to me on my very first visit to the Peroni plant. In the beginning, our class, which consisted of fifteen people, got a very homogeneous view of the company. Then in the following lesson, we re-analyzed our photos and nearly all of them looked very similar. No one had captured the factory in a personal way yet. I'd already pinpointed my idea on the first visit. No one had ever taken Polaroid pictures of a factory before. I really liked the contrasts obtained with the metal.

STYLISTIC CHOICES AND EXPRESSIVE LANGUAGE

DB. With Professor Siragusa we talked about the choices you made and the expressive language you used, which are evidently the result of creative reasoning. Could you explain that more?

AS. Yes, it's true. For example, I made a very precise choice. Once I'd seen the historic objects in the factory, I decided to focus my final work purely on this aspect. I photographed the objects from as far away as possible, always from the same distance and then, during the post-production phase, I outlined the objects with Photoshop and added a black background.

DB. So, the post-production stage was an important part of the process?

AS. Yes, the conceptual still life phase, especially, is entirely centered around the post-production stage.

DB. It was important to understand the approach. And you, Elena?

ED. In my case, I decided to leave reality as it was. I only edited the photos of the architecture a little bit, but basically the things I photographed are exactly how I saw them in the factory. It was a personal choice: while a still life picture needs to be perfectly executed, when working on a corporate image, in my opinion, it's important to leave in the signs of the passing of time.

DB. Which is the complete opposite of what we would normally ask photographers to do when working on corporate photographs. When representing themselves, companies

tend to want to show themselves in a perfect light…

ED. Indeed, this is my personal interpretation of corporate photography. The company asked me not to photograph certain details, like a broom out of place, for example. It's also true that corporate photography must satisfy the requests of the client, you can't just do whatever you want.

DB. Actually, the dilemma between the creativity of the photographer and the necessity to satisfy the client's requirements always comes into play.

ED. On the whole, I avoided taking pictures of things that I knew the company wouldn't want me to show, since I knew that the photos were not going to be post-produced, and I acted in this manner right from the very start.

DB. We've just touched on the very crux of corporate photography.

AS. Yes, because companies today try to show their perfections. But I think perfection isn't always necessary.

DB. Certainly, showing the more lived in, human, and realistic aspects of a company can touch emotional chords that are not affected by perfect, sugar-coated images. Ivan, would you like to add something about your choice of expressive language?

IC. For my project, I opted for 80% still life, while the remaining 20% consists of the long corridors that I wanted to also include in my work. For the still life images, I decided to work with a 120mm macro, a lens that literally "takes you inside" matter. I took all the materials the company gave me into the IED studio and I strictly worked on those, to give a sense of their texture. It's almost as if, just by looking at the images, you could immediately perceive them, what they are made of. In the post-production stage, I also decided to break away from the traditional canons of still life, which aim to create the perfect photograph, show off all tiniest nuances. So I added in certain details, drawing out the very texture of the materials to enhance it even further.

DB. The aspect that all your works share, this idea of telling the story of a company that has been lived in, a company that is part of Italian history and popular culture, is very interesting. In your intention to avoid representing the "perfect thing," you create the image of a company that has got its hands and clothes dirty. I like the connections between the history of Birra Peroni and your interpretation and stylistic choices. Tell me Ivana, on the technical and expressive level do you feel the approach and language you adopted is coherent with what you saw and the story you wanted to tell?

IB. I wanted to emphasize the company's relationship with the landscapes and the human figure. Indeed, the self-portraits represent human figures from the past, such as the widow, the washerwoman, the farmer's wife and the middle-class woman, for example. These figures, which here flow in a gradual crescendo, are still present in traditional Italian culture.

DB. Did using black and white help you express this?

IB. There are thirty black and white shots that alternate between landscapes and figures. I chose black and white principally because it's an echo from the past. It's more nostalgic and allows for a more easy reading of the texture of things. In black and white, you can see the earth, fabrics, and everything in the photographs much more clearly.

DB. There's something very different about your work. Unlike the other students, who based their projects on the interior of the factory or took objects such as bottles, labels, and raw materials into the studio, you did everything outside the company. Where did the inspiration come from? Did it come more from your interior world, cultural references, or memories, or did you read something or do research on the internet? How did you do it?

IB. Well, I'd say it was more an interior journey because I related with my own hometown. Every time I returned home from Rome I would look for objects, such as an antique tub or dress, or I would simply wander the streets. I documented my experience, the things I'd seen around me since I was a child. The images I found among my grandmother's photographs also gave me lots of inspiration. I wandered, I browsed, and all of this stimulated me.

DB. Where are you from?

IB. I'm from Lucera, not far from Foggia. But I often visited Bari. And for the people of Bari, Peroni is a religion.

DB. Yes, just like Saint Nicholas, immediately after Saint Nicholas, they're on the same level! And now we come to Thiago. Tell us about your project and the expressive language you chose. You used both color and black and white. Why was that?

TAG. The interiors are in black and white, the exteriors are in color.

DB. So, this choice of contrast was intentional?

TAG. Yes, because inside the factory there is a lot of shiny metal and black and white Polaroids create a stunning contrast between shiny and shadow, making the pipes stand out even more—I photographed many pipes. Although they are Polaroids, the lines are very straight. I really like the photographs of interiors.

DB. Why did you decide to do the exterior in color?

TAG. Although it was the rainy season, the weather was quite good. So, I analyzed the works with our professor and we realized we needed to add a more dynamic

dimension to the project: black and white for the interiors and color for the exteriors, like the red fence posts, the walls with their colored arrows, etc. I used a special type of film that tends toward blue to enhance the colors of the factory.

DB. Did you choose this expressive language and techniques because the plant environment inspired them in you?

TAG. I really hope I get another opportunity like this one! As soon as I entered the company, I thought to myself: "Has anyone ever taken a Polaroid picture of Peroni—or a factory in general?" These Polaroids are unique photos, one-off pieces, which I then organized in boxes. The shots can never be taken in the same way ever again. Unlike the other students, who were using ordinary cameras and so can produce the same picture a hundred times over, my photos are completely unique and unrepeatable.

DB. Yes, Polaroids have that characteristic.

TAG. A Polaroid is unique.

SURPRISE OR CURIOSITY

DB. Andrea, if the two levers of photography are surprise and curiosity, which of these two elements do you think stands out most in your work?

AS. For me it's curiosity for sure. The curiosity of seeing things you've never seen before. I'm 24 years old, so these objects are much older than I am. I certainly wouldn't have had the possibility to see them were it not for Peroni. With this opportunity to photograph them, I wished to give them a new identity. At the same time, I wanted to restore the value they had in days gone by, show their function. I didn't do too much editing during the post-production stage because I didn't want to alter the state in which they had been immortalized. In my case, the driver was obviously curiosity. Recognizing them, revealing them, and allowing others to discover them.

DB. Did you give a title to every photograph?

AS. I would have liked to give them all a name but it wasn't always possible because when I took the pictures of the objects I couldn't always see their plates, so even though some of them were easy to work out, in other cases I couldn't recognize them at all.

DB. Elena, how about you?

ED. Probably more curiosity. Surprise is what I hope to arouse in the viewers. What I'd like to do is create a surprise effect, something nobody is expecting. Usually, people don't know what a factory is like because they've never been inside one: indeed, I've noticed that when people look at the pictures they are actually surprised. But what drove me the most while taking

the shots was curiosity. The approach is different.

DB. It's very interesting to see how a young person is attracted to certain aspects and how they represent them. How about you, Ivan?

IC. First of all, I'd like to say a few words about surprise and curiosity: in my opinion, we all tended toward curiosity, we took pictures out of curiosity, because taking something out of surprise can be a bit dull for a photographer.

DB. Of course, that would be more the way an amateur photographer might go about it.

IC. So, I'd say I was also driven by curiosity. Before conceiving and creating the project, every one of us studied the history of beer in general. This theme really aroused my interest and curiosity, I became very passionate about it. Until then, I had no idea how beer was made, I didn't know the production process at all, so it was definitely curiosity that inspired me.

DB. What surprised you the most about the inside of the plant?

IC. I had never visited such a big and important company before. As soon as I entered I saw the brewing room and those enormous metal objects really amazed me. Initially, you ask yourself what they are for, then you realize and understand, but it's a complex process.

ED. What surprised me were the large spaces but also the way the employees interact among themselves; they all say hello when they pass each other...

IC. What we saw was a big family.

DB. Undoubtedly, the production sector has a strong and solid identity. In the factory there is a very clear division of the hierarchy of the roles, but there is also a strong feeling of fraternity and what you can perceive there is a more horizontal imprint, based on integration, communication, and working toward a common goal—that is, making good beer. Ivana, on the basis of what's come out in the interviews with the other students and the two drivers of photography, surprise and curiosity, which one stood out for you the most and what guided you in your choice of the subject?

IB. That's a good question. Let's say that curiosity was always there. The desire to experiment and put yourself to the test. This is my first ever self-portrait project and it was strange, a really strange process. In reality, I could feel myself in all of those roles. However distant from reality they may be, I saw myself in them.

DB. So, in this self-portrait project, the female subject is always yourself?

IB. Yes.

DB. Thiago, which was the predominant element for you: surprise or curiosity?

TAG. For me it was curiosity. My project was about presenting the photos in black boxes that could be opened. If you stand in front of the eight boxes and I don't tell you what's inside them, you get curious and want to open them. Then when you do, you might say: "They're beautiful, what are they?" It's clear that they are photographs of the Birra Peroni factory. Even if I didn't tell you, you would work it out in the end anyway. I liked adding an element of curiosity and I tried to express this through the use of a container. The boxes are not secondary, they're an important part of the project. I could also place them behind a curtain and lower and raise it. The important thing is that the photographs are covered so you can't see them.

DB. So, in reality, what you're seeking is exactly the surprise effect.

TAG. Yes, definitely. After all, Polaroid in itself is a surprise: with a normal camera you can see what you're photographing directly on the digital screen, whereas with a Polaroid you have to wait at least fifteen minutes to know how it has come out. So curiosity is the driving feeling but surprise too, because when you finally see it, you're also surprised that it has come out exactly how you wanted. Both these elements are important.

HOW WAS BIRRA PERONI IN THE PAST AND HOW IS IT NOW?

DB. Now I'd like to ask you another question about the identity of Birra Peroni: did the idea you had about Birra Peroni's identity change once you went through the factory gates? If so, do you now see the product differently?

AS. Before I only saw Peroni as a beer. I didn't know the reality behind it and there are some things I could never have imagined! Once I entered, I got to know some of the workers and saw the way they collaborate and work together. I also came to understand that the production process of the beer we find ready at our table is a very lengthy one.

DB. So, instead of a superficial knowledge you came to understand what is behind it?

AS. I saw and felt the process that is

behind this skilled and laborious trade, both in terms of the production and the distribution of the beer.

DB. On a more philosophical level, how do you perceive the Peroni brand? Do you see it as historic? As old?

AS. It's definitely an historic brand.

DB. You mean, in the good sense of the term?

AS. In the good sense of the term, yes. Saying that a thing is old is reductive, especially for Peroni, which has written the story of the country and has been served at tables throughout Italy for 170 years. Where there's a family, there's a Peroni beer.

DB. Elena, tell me, has the image you had of Birra Peroni changed compared to how you viewed it before, or has it stayed the same?

ED. I had an idea of it, because a beer that has been around since 1846 must have a solid foundation. I already understood how important it was as a beer, so I wasn't surprised, I didn't leave the factory with a completely different perception. The notion I had was confirmed.

DB. So, you guys didn't find that there is a clash between the perception of the beer you drink and such a modern, innovative industry. Some people mentioned the scarce number of workers and the highly automated production line: things like this can shock people.

AS. Yes, because the labor force has been replaced by machines.

ED. Certainly, but you don't perceive two different things between the inside and the outside. Maybe it would be important to communicate this to young people, to refresh the perception they have of Birra Peroni.

DB. And you, Ivan, what do you think?

IC. I come from Calabria, where Peroni is often drunk during the day. I have relatives who work the land under the scorching sun, and they drink at least three Peroni beers a day. In the evening, though, people tend to go for something different to drink.

DB. Ivana, although your project was created outside the photographic studio and outside the plant, when you visited the factory how did you perceive the

company's identity? What surprised you about Birra Peroni? Was the company as you expected or different? Did you view it better or worse?

IB. This is what the Peroni brand means to me: continuing a tradition with an eye on progress but without ever forgetting its origins. This is why I created a project that relates to what Birra Peroni is and does, or at least, what I perceive each time I drink a Peroni in any situation, whether I'm out with friends or out and about in town. Where I come from, Peroni is a tradition. It's inevitable. Having seen the company on the inside, I was able to feel all this simplicity and authenticity.

DB. That's lovely. So, you didn't see a contradiction between how Peroni products are perceived on the outside and how they are in reality? Did you not feel a sense of contrast?

IB. No, not at all.

DB. And you, Thiago, has your view changed compared to the idea you had about Birra Peroni, both as a company and product, before you got to know it personally?

TAG. Actually, it's better, because for many young people Peroni is the beer of the working classes. Peroni, I told my friends, produces massive quantities of beer every day with astonishing precision.

DB. So, you were impressed by the industrial organization of the company?

TAG. Very much so. Everything was in such perfect order.

DB. Is it meaningful to you that Peroni is a historic company with over 170 years of history? Is this something you perceive?

TAG. I felt this aspect a lot less, because I live close to the old factory in Piazza Alessandria in Rome, so I probably would have felt the historic element a lot more if that plant were still operational. The factory we saw is actually so modern that it makes it harder to perceive the brand's history.

DB. Thank you for your time and your images, everyone. The eyes of five young photographers provide us with an unusual yet authentic view of our company. Thank you for pushing us to constantly do better and for the inspiration you gave us.

Silvana Editoriale

Direzione editoriale
Dario Cimorelli

Art Director
Giacomo Merli

Coordinamento editoriale
Sergio Di Stefano

Redazione
Emanuela Di Lallo

Impaginazione
Daniela Meda

Traduzione
Opitrad, Milano

Coordinamento di produzione
Antonio Micelli

Segreteria di redazione
Ondina Granato

Ufficio iconografico
Alessandra Olivari, Silvia Sala

Ufficio stampa
Lidia Masolini, press@silvanaeditoriale.it

Testi

Daniela Brignone
*curatrice Archivio Storico
e Museo Birra Peroni*

Massimo Siragusa
*fotografo e docente
IED Roma*

Crediti fotografici

Archivio Storico Birra Peroni
IED Roma

Si ringraziano

Archivio Storico
e Museo Birra Peroni
IED Roma
Andrea Santamaria
Elena Durante
Ivan Cerasia
Ivana Bianco
Thiago Andres Gnessi

Silvana Editoriale S.p.A.
via dei Lavoratori, 78
20092 Cinisello Balsamo, Milano
tel. 02 453 951 01
fax 02 453 951 51
www.silvanaeditoriale.it

Le riproduzioni, la stampa e la rilegatura
sono state eseguite in Italia
Stampato da Modulgrafica Forlivese, Forlì
Finito di stampare nel mese di dicembre 2019